スポーツ医・科学の立場から考える

野球技術の大原則

［著者］**伊藤博一** 帝京平成大学人文社会学部
経営学科トレーナー・スポーツ経営コース教授

［監修］**渡會公治** 帝京科学大学医学教育センター特任教授

JN108209

推薦の辞

　ケガに悩まされることなく、選手たちの野球技術を最大限にまで伸ばしたい、すべての指導者はそう願って日々一生懸命に取り組まれていることと思います。その姿勢には心から敬意を表します。しかしながら、間違ったことを一生懸命にやってしまうと、選手たちは思うように上達に結びつかないだけでなく、最終的にはケガをしてしまいます。つまり、正しいことを一生懸命にやることが大切であり、そのためにはスポーツ医・科学の知識が必要不可欠となります。

　全日本軟式野球連盟では、長年に渡っ

て指導者養成事業（公認コーチ養成講習会や公認学童コーチ養成講習会など）を展開してきており、そのカリキュラムにはスポーツ医・科学に関する講義や実技が数多く含まれています。2009年からは伊藤氏にも講師を務めてもらっており、本書の内容を惜しみなくご披露していただいております。受講生からは、「目から鱗が落ちた」とご好評をいただいております。

　伊藤氏には、当連盟の医・科学委員としてもご尽力をいただいております。最近では、学童野球公式戦の新ルール（投

球数制限70球、6イニング制・時間制限、ホームベース拡大）の導入に携わっていただきました。ただし、伊藤氏は、「すべての制限は永遠不変ではない」という持論を有しており、指導者養成事業によって優れた指導者が増えてきたら、制限を徐々に緩和すべきと考えているようです。この考えは、当連盟の考えとも一致しております。制限を増やせばケガは確実に減りますが、制限ばかりで野球本来の楽しさを損なうようなことがあってはいけません。

当連盟に関わりの深い伊藤氏が書籍を出版するということで、その内容に大変興味が沸き、事前に目を通させていただきました。そして、本書の内容は、当連盟の指導者養成事業や医・科学委員会の方向性を強く後押しするものであると判断いたしました。本書は、学童野球の指導者のみならず、すべての野球指導者に是非とも読んでいただきたい一冊として、当連盟よりご推薦をさせていただきます。

公益財団法人 全日本軟式野球連盟
専務理事
小林三郎

はじめに

2002年、研究歴5年の駆け出し研究者であった私は、選手時代から愛読していたベースボール・マガジン社発行の月刊誌『Baseball Clinic』において、全12回の連載を執筆する機会に恵まれました。テーマは「理想的な投球動作の獲得を目指して」でありました。2006年には、同社発行の隔月刊誌『Hit & Run』において全4回の連載を執筆する機会にも恵まれました。テーマは「真下投げをやってみよう！」でありました。拙い連載であったにも関わらず、読者の皆さまから

はご好評をいただき、新たな研究にもつながる貴重なご意見を数多くいただきました。

その後、投球数制限の至適範囲の検証、適正な登板間隔の検証、投球強度の研究、ボールの持ち方の研究、安全で合理的な捕球動作の研究など、研究の幅もずいぶんと広がりました。これまでの研究成果をそろそろ一般化してもよいのではないかと考えていたところ、2021年に再び、月刊誌『Baseball Clinic』において全20

回の連載を執筆する機会をいただきました。テーマは「シンプルに考え 本質をとらえる」でありました。本書は、この連載に加筆・修正をして一冊にまとめたものであります。

　投能力向上と肩・ヒジ関節の投球障害予防を両立させるためには、投球動作の"質"を高め、投球の"量"を抑えることが極めて重要であります。これらについては、本書の第1章と第2章において詳しく解説をしております。第3章では、捕球とバットスイングも加えて野球の伝統的な基本練習を見直し、スポーツ医・科学の立場から考える新たな基本練習について解説をしております。

　小・中学生や高校生を対象に野球指導にあたっている読者の皆さまにとって、本書が投球・捕球・バットスイング動作の本質をとらえるための一助となり、さらなる指導力の向上につながれば幸いです。

帝京平成大学人文社会学部経営学科
トレーナー・スポーツ経営コース教授
伊藤博一

CONTENTS

特別協力／全日本軟式野球連盟
カバー・本文デザイン／アップライン株式会社
協力／佐久間一彦
写真／Getty Images、伊藤博一
イラスト／丸口洋平

第1章

投球動作の"質"を高める

第1節 投球動作をステップ動作から見直す

投球動作の起点はステップ動作

　投球動作は、大まかに「ステップ動作→ヒザ・股関節の動作→体幹部の動作→上肢の振り動作」の順番で行われています。つまり、下肢から体幹、そして上肢へ向けて、次から次へと運動エネルギーが効率よく移転することで、最終的に大きなボールスピードが生み出されます。このような、下肢→体幹→上肢への効率的な運動エネルギーの伝達は運動連鎖（**図1**）と呼ばれ、肩・ヒジ関節を痛めずに速い球を投げるための条件です。つまり、下肢や体幹を上手に使えれば、上肢はそれほど頑張らなくても大きなボー

ルスピードを生み出すことができるのです。

　一方、下肢や体幹を上手に使えないと上肢に頼った投球動作（いわゆる手投げ）となり、大きなボールスピードを生み出すことができません（**図2**）。また、このような投球動作をくり返すことは、肩・ヒジ関節の投球障害を引き起こす原因にもなります。運動連鎖の観点から、肩・ヒジ関節を痛めることや球速が上がらないことの原因は、上肢の振り動作にあるのではなく、投球動作の起点であるステップ動作にあるといえます。

■図1　効率的な運動連鎖のイメージ

■図2　非効率的な運動連鎖のイメージ

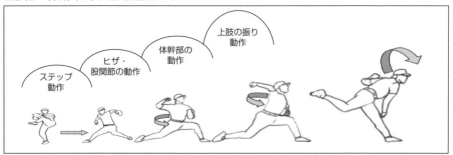

どこに踏み込むのか？

　私たちの調査研究の一つに、足底圧分布測定器（**写真**）というものを用いたステップ動作の分析があります。足底圧中心の軌跡からステップ動作を評価しました。得られたデータの模式図が**P12図3**です。

　セットポジション時には、両足底にかかる圧力は等しいので、両足底の中間に足底圧中心点（P）があります。左脚を上げると、右足底の中央に点Pが移動します（足底圧の高い方へ引っ張られます）。右足底で地面をけり始めると、点Pは親指の付け根あたりへと移動し、その直後、踏み込んだ左足底の中央へ向かって点Pは勢いよく移動します。

　この点Pの軌跡のことを、読者の皆さまには"体重移動"と理解していただきたいと思います。点Pの軌跡の観点から、**図3a**のように右足底の親指の付け根と目標（捕手）とを結ぶ直線上に左足底を真っすぐに踏み込むことが理想的なステップ位置となります。つまり、自分から見て逆L字のステップ位置です（左投げの場合はL字）。これに対し、**図3b**はアウトステップ、**図3c**はインステップとなり、両方とも目標から逸れた好ましくないステップ位置といえます。

足底圧分布測定器

■図3　理想的なステップ位置はどこ？

自分から見て逆L字の
ステップ位置

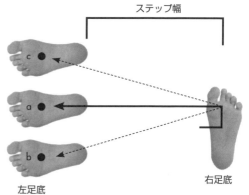

ステップ幅

目標
（捕手）

c

a

b

左足底

右足底

右足底

右足底

左足底　　　右足底

13

図4は、球速が150km/hを超えるプロ野球投手の足底圧中心の軌跡で、これも自分から見て逆L字のステップ位置です。ステップ幅が極端に小さく見えるのは、離して設置した2枚の圧力センサーシートがモニター上ではつながった状態で表示されているためです。実際には、2枚の圧力センサーシートはちょうど1m離して設置しています。

　例えば、右投手が投手板の最も3塁側に立ち、右打者のアウトコースぎりぎりに構えた捕手に向かってボールを投げるときはアウトステップのように見えます

（**P15写真a**）。逆に、最も1塁側に立ち、右打者のインコースぎりぎりに構えた捕手に向かってボールを投げるときはインステップのように見えます（**写真b**）。このような場合でも、見た目で判断するのではなく、右足底の親指の付け根と目標（捕手）とを結ぶ直線上に左足底を真っすぐに踏み込んでいるかどうかで判断するようにしましょう。足底圧中心の軌跡の観点から、**写真a**と**写真b**は両方とも理想的なステップ位置（逆L字）といえます。

■図4　球速が150km/hを超えるプロ野球投手の足底圧中心の軌跡

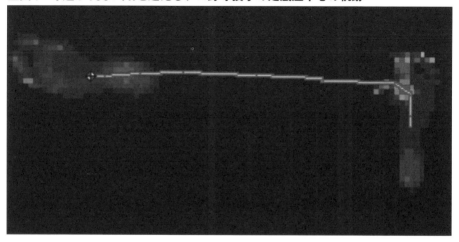

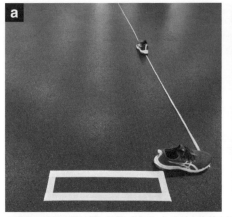 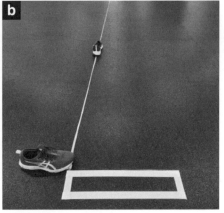

右足底の親指の付け根と目標（捕手）とを結ぶ直線上に左足底を真っすぐに踏み込む

Column ❶　超一流投手のステップワーク

　P14図4のプロ野球投手に直接お話を伺ったところ、「軽めのキャッチボールでも、全力投球でも、ステップ位置とステップ幅は変わらない」と教えてくれました。ステップ位置とステップ幅を変えるのではなくて、力の入れ方だけを変えるのだといいます。これが超一流のステップワークなのかととても驚きました。私たちが軽めのキャッチボールをするときは、アウトステップになり、ステップ幅もかなり小さくなっているのではないでしょうか？

　ご自身で確認してみてください

どのくらい踏み込むのか？

野球関連の書籍に目を通すと、ステップ幅は6足半と書かれているものが目立ちますが、どこからどこまでが6足半なのか？ なぜ6足半なのか？ についてはどこにも書かれていません。私の場合、靴のサイズが27.0cmで、これに6.5を掛けると175.5cmとなり、その幅は身長（173.0cm）を超えます。175.5cmのラインを左足のカカトが踏み越えればよいのか、それともそのラインにつま先が到達すればよいのかはわかりませんが、仮に後者だとしても6足半はジャンプが必要なほど大きなステップ幅です（**写真**）。

私たちの調査研究では、右足のつま先から左足のカカトまでの距離を身長比%にしたものをステップ幅としています（**P12図3**）。この方法だと、小学生低学年では身長の62.8%、小学生高学年で

は67.6%、中学生では68.8%、高校生では72.4%となります（**P17図5**）。ここから投手のステップ幅だけを抜き出してみると、小学生低学年では身長の63.1%と目立ちませんが、小学生高学年では73.4%、中学生では73.6%、高校生では77.8%と他のポジションよりも大きく（**図6**）、これらが各年代で目標とすべきステップ幅といえます。

ただし、これらの数値は、平らな場所でセットポジションから投げた場合のものですので、傾斜のあるマウンドからワインドアップやノーワインドアップで投げた場合にはもう少し大きくなると思います。また、どの年代においても、ステップ幅（**図6**）とボール初速度（**図7**）との間には密接な関係があります。

175.5cm

6足半のステップ幅は実現可能か？

■図5 年代別に見たステップ幅

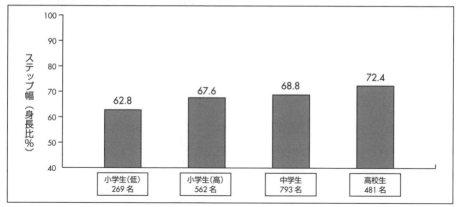

■図6 ポジション別に見たステップ幅

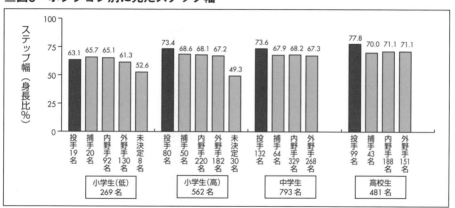

■図7 ポジション別に見たボール初速度

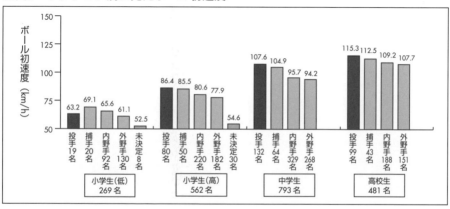

どこから接地するか？

　左足底の接地開始部位はステップ幅と深く関係しています（**P19写真参照**）。ステップ幅が小さいとつま先から接地する傾向があり（**写真a**）、ステップ幅が大きくなるにつれ、足底全体で接地（**写真b**）→カカトから接地（**写真c**）へとシフトする傾向があります。ステップ幅は大きいほうがよいので、カカトから接地するのが理想的と考えがちですが、ここでまた投手の接地開始部位だけを抜き出してみると、多くの投手が足底全体で接地しています。運動連鎖の観点から、左足底は接地後すぐに固定される必要があり、そのためには足底全体で接地するのが合理的といえます。

🎾まとめ

・ステップ位置は逆L字（左投げの場合はL字）

・ステップ幅は身長比％で

・踏み込みは足底全体で

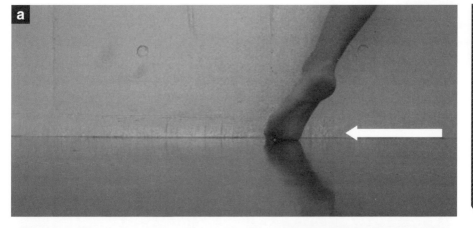

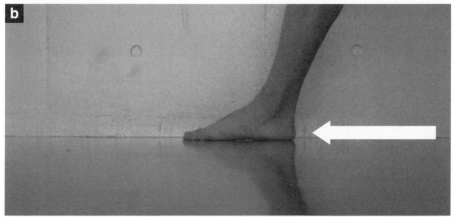

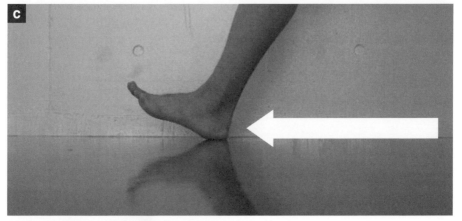

左足底の接地開始部位はステップ幅と深く関係している

19

ヒザの"割れ"を防いで
上手に股関節を使う

投球動作の5つのフェーズ

　読者の皆さまは、投球動作に5つのフェーズ（**写真**）があることをご存じでしょうか？　投球動作が始まり、グラブからボールが離れるまでをワインドアップ期、グラブからボールが離れてから左足底が接地するまでを前期コッキング期、左足底が接地してから肩関節が最大に外旋するまで（外側に最もねじられるまで）

を後期コッキング期、肩関節が最大に外旋してからボールリリースまでを加速期、ボールリリースからすべての動作が終了するまでをフォロースルー期といいます。上手なヒザ・股関節の使い方を理解する上で特に重要なフェーズは、後期コッキング期と加速期です。

◄ 後期コッキング期　　◄ 前期コッキング期　　◄ ワインドアップ期

◄ フォロースルー期　　　　◄ 加速期

投球動作の5つのフェーズ

踏み込んだヒザの "たて割れ"

後期コッキング期では、体重移動のために踏み込んだ左のヒザ関節がやや屈曲していく選手もいますが（**P20写真**の選手にその動作は見られない）、加速期に入ると、一転して地面をけるようにヒザ関節は伸展をし始めます（**P20写真**）。加速期のヒザ関節伸展角度は、小学生低学年から高校生までに大きな差はなく9度前後です（**図8**）。加速期のヒザ関節伸展動作により、下肢→体幹→上肢への効率的な運動連鎖が生じ、上肢はそれほど頑張らなくても大きなボールスピードを生み出すことができるのです。

一方、加速期に入ってもヒザ関節が屈曲を続けている状態がヒザの"たて割れ"です（**写真**）。小学生低学年では13.0％、小学生高学年では8.7％、中学生では5.4％、高校生では4.4％の選手にヒザのたて割れが見られます。踏み込んだ脚の踏ん張りが利かないため、上肢に頼った投球動作となり、大きなボールスピードを生み出すことができません。このような投球動作をくり返すことは、肩・ヒジ関節の投球障害を引き起こす原因にもなります。

■図8　年代別に見た加速期のヒザ関節伸展角度

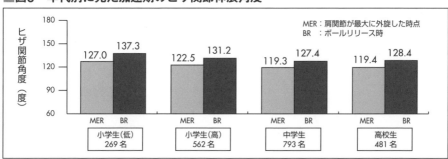

ヒザ関節角度（度）

MER：肩関節が最大に外旋した時点
BR ：ボールリリース時

	MER	BR
小学生(低) 269名	127.0	137.3
小学生(高) 562名	122.5	131.2
中学生 793名	119.3	127.4
高校生 481名	119.4	128.4

加速期

ヒザの "たて割れ"

脛が土で汚れるのはよい投手の証？

　私が中学生だった頃、当時の野球部の監督が「脛（すね）が土で汚れるのはよい投手の証だ」と練習後のミーティングで発言したことがありました。右投げであれば右脛のことです。面白いことに、翌日からブルペンで練習する投手陣の脛が土で汚れるようになりました。しかし、踏み込んだ左ヒザにはたて割れが生じ、球威も制球力も落ちていました。踏み込んだ直後に身体全体がガクンと沈み込む投球動作が目立ちました。「脛が土で汚れればよい投手になれる」のではなく、「ステップ幅が大きく左ヒザのたて割れも生じないよい投手では"結果として"脛が土で汚れることがある」と監督は発言すべきだったと思います。中学生はとても素直なのです。

ヒザ関節の伸展動作によって体幹部の下端（左の股関節）は押し上げられる

　加速期におけるヒザ関節の動作は、肉眼では見分けがつかないかもしれませんが、柔道の背負い投げ（**イラスト**）をイメージするとわかりやすいと思います。

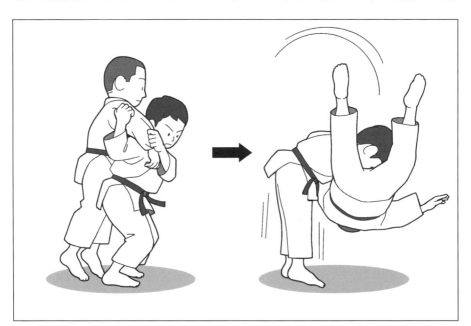

柔道の背負い投げ

畳に向かって相手を投げるとき、ヒザ関節は強く伸展します。ヒザ関節を強く伸展しながら、体幹部を大きく倒して相手を投げます。逆に、ヒザ関節を屈曲しながら相手を投げることはできるでしょうか？　おそらく相手を背負ったままつぶれてしまうでしょう。柔道の投げも野球の投げも本質は変わらないということです。

図9を用いてもう少し解説を加えます。加速期にヒザ関節を強く伸展することによって体幹部の下端（左の股関節）は押し上げられ、体幹部は回旋を含む前傾動作をしやすくなります（**図9a**）。一方、加速期においてヒザのたて割れが生じていると、体幹部は回旋を含む前傾動作をしにくくなります（**図9b**）。

■図9　ヒザ関節の伸展動作によって体幹部の下端（左の股関節）は押し上げられる

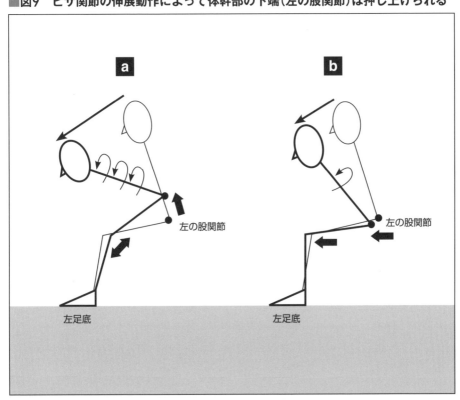

a

左の股関節

左足底

b

左の股関節

左足底

ヒザの "よこ割れ"

　ヒザのたて割れと同じく注意が必要な動作がヒザの"よこ割れ"です。後期コッキング期の開始に伴い、左の大腿と骨盤は自分から見て左側に回旋します（**P25写真a**）。このとき、大腿と骨盤とのなす角度（股関節角度）は大きく変化しません。その直後に、大腿だけが動きを止め、骨盤の回旋をより速めます（**写真b**）。つまり、股関節角度が急激に減少します。これが上手な股関節の使い方です。股関節角度の急激な減少によって、体幹部の大きく素早い回旋動作が導かれます。

　一方、加速期に入っても大腿の左側への回旋が続いている状態がヒザのよこ割れです（**写真c**）。このとき、**写真a**から**写真c**にかけて股関節角度はあまり減少しません。ヒザのよこ割れが見られると上手に股関節は使えず、上肢に頼った投球動作となります。また、ヒザのよこ割れが見られるときは、その真下にあるつま先も左側へ回旋していることがほとんどです。ヒザのたて割れに比べ、ヒザのよこ割れは肉眼でも見分けがつくと思います。

Column ❸　軸脚はどっち？

　右投げの場合、「軸脚でバランスよく立つ」というときは右脚を軸脚と表現しているのでしょうけれども、後期コッキング期や加速期では左脚が軸となって骨盤や体幹部を回旋させています。学会発表などでも右脚と左脚の表現の仕方は人それぞれで、時々、説明を求めることがあります。私は右脚を"けり脚"、左脚を"踏み込み脚"と表現しています。この表現で説明を求められたことはほとんどありません。また、右打ちの場合、「軸脚回転で打つ」というときは右脚を軸脚と表現しているのでしょうけれども、骨盤や体幹部を回旋させているときの軸はやはり左脚ですので、この表現の仕方と動作に対する考え方は間違っていると思います。右脚は、骨盤や体幹部の回旋を後ろから押す、もしくは、身体全体が捕手側に傾きながらバットスイングをしているのを倒れないように支えるのが役目であって、回旋の軸ではありません。誤解を招くような表現は避けましょう。

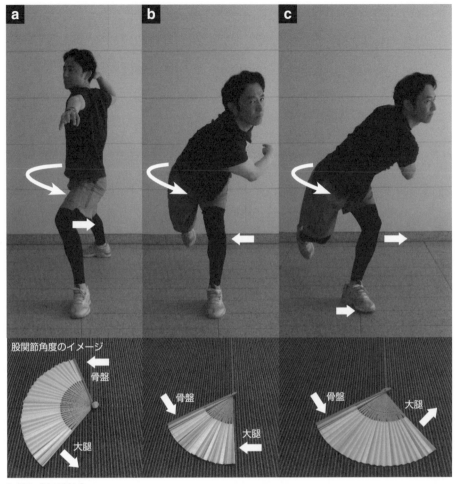

ヒザの "よこ割れ"

股関節角度のイメージ

骨盤

大腿

骨盤

大腿

骨盤

大腿

⚾ まとめ

・ヒザ関節の強い伸展が体幹部の回旋を含む前傾動作をしやすくする

・柔道の投げも野球の投げも本質は変わらない

・ヒザの " よこ割れ " の有無はつま先の向きで判断できる

上肢の振り動作を多面的にとらえる

第3節

"肩関節の大きな外旋から強い内旋でボールを投げる"は本当か？

野球の投球動作を分析した国内外の先行研究を見渡してみると、その多くが上肢の振り動作について次のような見解を示しています。**写真**をご覧ください。肩関節が160～180度くらい大きく外旋して（外側に大きくねじられて）、その反動動作である肩関節の内旋（内側に強くねじる動作）を主体にボールを投げるとしています。肩関節が160～180度も外旋したら脱臼しても不思議ではありませんが、**写真**を見ると、それくらいまで外旋しているようにも見えます。本当のところは一体どうなのでしょうか？

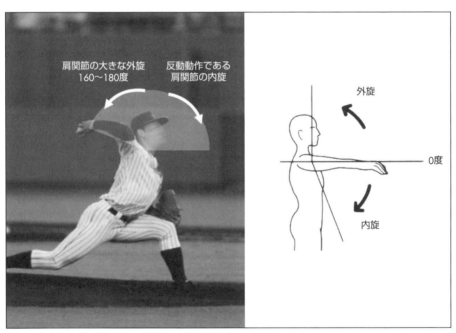

"肩関節の大きな外旋から強い内旋でボールを投げる"は本当か？

上肢の振り動作を考える上で重要な６つのこと

　上肢の振り動作を考える上で重要なことを６つ示します。まずは、ヒジ関節（正確には腕尺関節）の構造と機能から。ヒジ関節の構造は蝶番で、機能は屈曲・伸展です（**左下写真**）。当たり前ですが、屈曲・伸展装置ですのでねじると壊れてしまいます。

　続いて、上手な上肢の使い方について。肩甲骨は前額面（身体を前後に二分する面）に対して30 〜 45度程度前方に傾いています（**右上写真**）。正確性が求められるスポーツ動作（例えば、ダーツやバスケットボールのフリースローなど）では、肩甲骨面（Scapular Plane）を目標と一致させるように斜めに立って構え、肩甲骨面上に上腕と前腕を真っすぐ並べるようにして使います（**右下写真**）。これを、肩甲骨、上腕、前腕の正しい配列、正しいアライメントといいます。

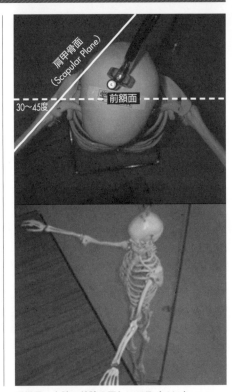

肩甲骨・上腕・前腕の正しいアライメント

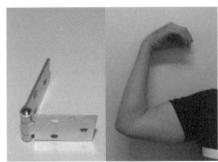

ヒジ関節（腕尺関節）の構造は蝶番で機能は屈曲・伸展

ダーツやバスケットボールのフリースロー

力強さが求められるスポーツ動作（例えば、ボクシングのストレートや砲丸投げなど）になると、これに体幹部の大きく素早い回旋動作が加わり、タイミングよく肩甲骨面上に上腕と前腕を真っすぐ並べるようにして使います（**写真**）。

　つまり、体幹部に対して斜め30 〜 45度前方にヒジ関節を伸ばしていき、同時に前腕は回内する（内側に回す）、これが構造や機能に合った上手な上肢の使い方です。野球の投球動作もこれらと同じで、肩甲骨面上へのヒジ関節の伸展動作と前腕の回内動作を主体にボールを投げると考えられます。

ボクシングのストレートや砲丸投げ

　続いて、肩関節の外旋角度は一般人で100 〜 110度程度です（**写真a**）。そこから さらに外旋しようとすると、肩関節が痛くて体幹部がしなります（**写真b**）。

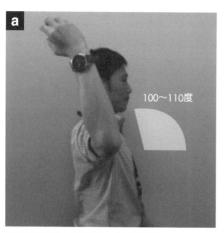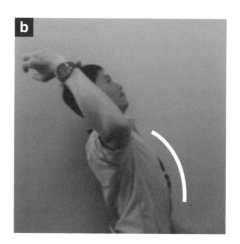

100〜110度

肩関節の外旋角度は100〜110度程度

　続いて紹介するのは、2008年に中部大学の宮下浩二先生が発表した論文です。この論文では、投球時に肩関節（正確には肩甲上腕関節）は110度程度しか外旋していないことが報告されています。つまり、投球時においても肩関節は**P28**下写真aくらいしか外旋していないということです。これに、肩甲骨の後傾（25度程度）、胸椎の伸展（10度程度）、そしておそらく前腕の回外などが加わり、肩関節が大きく外旋しているように見えるのです（**写真**）。

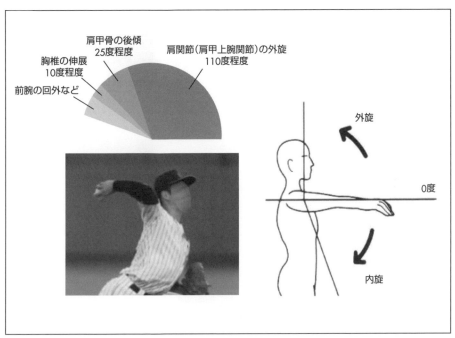

投球時に肩関節（肩甲上腕関節）は110度程度しか外旋していない

続いて、工作物を用いてもう少し詳しく解説します。肩関節の外旋角度を115度でまったく動かないようにクリップで固定し（**写真a**）、体幹部に見立てたウレタンゴムをしならせてみます（**写真b**）。本来、体幹部はこのようにしなるものですが、これをまったく変形しない"剛体"として肩関節の外旋角度を算出しようとすると、真っすぐなゴムひもに対する前腕の角度を求めることになり、その角度は160度となります（**写真b**）。この算出方法だと、体幹部がしなれば、まったく動かないはずの肩関節が45度外旋したことになり、しなった体幹部がボールリリースにかけて元に戻れば、まったく動かないはずの肩関節が45度内旋したことになります。

体幹部のこのような動作の中で、実際に肩関節が20度だけ内旋していたとすると、肩関節は65度も内旋したことになるのです。野球の投球動作を分析した国内外の先行研究の多くは、複雑に変形する体幹部をまったく変形しない剛体として分析しているため、肩関節の外旋角度や内旋角度が実際の角度よりもかなり大きく算出されているのです。

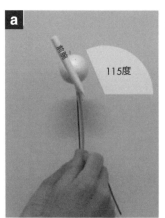
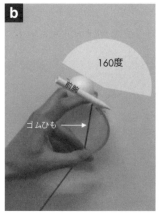
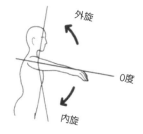

実際の肩関節外旋角度と体幹部を剛体としたときの肩関節外旋角度

最後に、日頃指導しているアスレティックトレーナー志望の学生たちから「前腕の回内動作の延長には肩関節の内旋動作があるのではないですか？」という鋭い指摘を受けることがあります。

　実際、**写真a**のように前腕の回内動作を強めていくと、彼らの指摘どおり肩関節は内旋動作をし始めます。しかし、同時に、肩関節に痛みが出てくるので、体幹部を大きく回旋させてその痛みを逃が

そうとします（**写真b**）。

　最終的には、警察官に腕をねじられて捕まえられている犯人のような格好になります。逆に考えると、体幹部が十分に回旋すれば、肩関節はねじらなくて済みます。前腕の回内動作の延長には肩関節の内旋動作がありますが、それをなるべく使わないように体幹部が大きく回旋するのです。

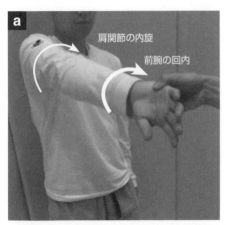

肩関節の内旋
前腕の回内

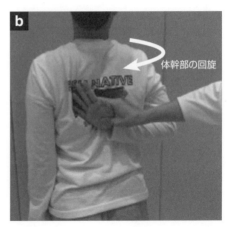

体幹部の回旋

体幹部が十分に回旋すれば肩関節はねじらなくて済む

理想的な上肢の振り動作とは？

　ヒジ関節の構造や機能、上手な上肢の使い方、先行研究における体幹部の測定限界などを踏まえ、上肢の振り動作を多面的にとらえると、"肩関節の大きな外旋から強い内旋でボールを投げる"という結論には至りません。"肩甲骨面上へのヒジ関節の伸展動作と前腕の回内動作を主体にボールを投げる"と考えるのが自然です。そして、このような上肢の振り動作を導くのが、体幹部の大きく素早い回旋動作になります（**写真a**）。

　肩関節の外旋・内旋を主体にボールを投げることは実際にはあり得ますが、これは体幹部の回旋不足を代償した好ましくない上肢の振り動作です（**写真b**）。ヒジ関節の構造や機能に合わない使い方であり、肩甲骨、上腕、前腕のアライメントもよくありません。スポーツ医学の分野ではこのような上肢の振り動作を、肩・ヒジ関節の投球障害を引き起こす危険な動作と位置付けています。

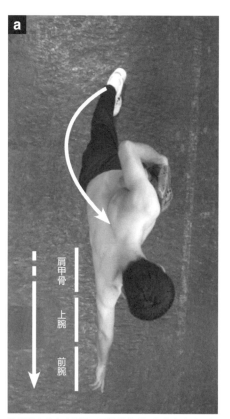

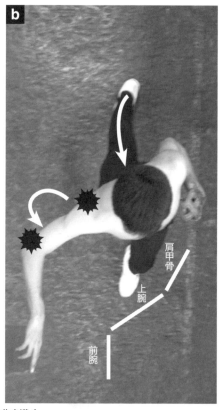

体幹部の大きく素早い回旋動作が理想的な上肢の振り動作を導く

Column ❹ 上腕骨らせん状骨折

　投球動作では肩・ヒジ関節の投球障害のほかに、上腕骨の骨折もあります。骨の折れ方も特徴的で、らせん状に折れます。肩関節の外旋・内旋を主体にボールを投げることが原因で、ねじる力が上腕骨の強度を上回ると折れてしまいます。投球動作のほかには腕相撲でもこの骨折が見られます。私が目撃した上腕骨らせん状骨折は、大学女子野球選手がセンターからバックホームする際、中継に入る内野手が遅れたため、捕手に向かって直接バックホームしたときに起こりました。バックホームした途端に右腕を押さえてうずくまり、「腕から〝バキッ〟という音がした」と苦しそうな表情で監督・コーチに訴えていました。病院でレントゲン撮影をしたところ、上腕骨がらせん状に折れていました。

🄫まとめ

・肩・ヒジ関節はねじると壊れる

・肩甲骨面上へのヒジ関節の伸展動作と前腕の回内動作を主体にボールを投げる

・体幹部の大きく素早い回旋動作が理想的な上肢の振り動作を導く

親指の"内側の角"で
ボールを持って前腕を回内する

ボールの持ち方をチェックしよう！

突然ですが、読者の皆さまは部屋の電球を交換するときどのように親指を使っていますか？　古い電球を取り外すときは親指の"内側の角"を使い、小刻みに前腕を回内する（内側に回す）と思います（**写真a**）。そして、新しい電球を取り付けるときは親指の"腹"を使い、小刻みに前腕を回外する（外側に回す）と思います（**写真b**）。これらのことは、ボールの持ち方とも大いに関係があります。

直球を投げるときのボールの持ち方をチェックする際、私が好んで用いている方法をご紹介します（**P35写真参照**）。まずは、いつもと同じようにボールを持ってもらいます。このとき、**写真a**のように親指の内側の角で持っている選手と、**写真b**のように親指の腹で持っている選手とに分かれます。次に、ボールを持つ指に少しだけ力を入れてもらい、パートナーが矢印の方向にボールを素早く引き

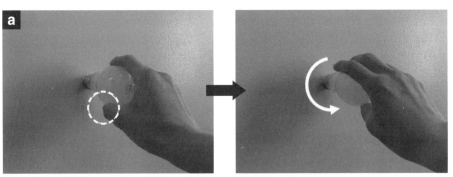

古い電球を取り外すときは親指の"内側の角"を使って前腕を回内する

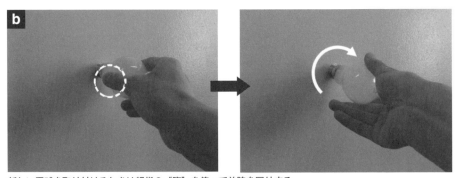

新しい電球を取り付けるときは親指の"腹"を使って前腕を回外する

抜きます。そして、どのような状態で手が閉じられているのかをチェックします。

親指の内側の角でボールを持っている選手は、閉じられた手の内側に親指が入ります（**写真a**）。人さし指と中指によって親指が包まれ、親指のツメは薬指に触れます。意外かもしれませんが、ボールリリースの直後は前腕が回内し、手はこのような状態で閉じられています。これが直球を投げるときの正しいボールの持ち方と、ボールリリース直後の手の状態です。

ただし、このとき親指のツメを手入れしていないと薬指を傷つけることがあります。ロサンゼルス・エンゼルスの大谷

翔平投手やサンディエゴ・パドレスのダルビッシュ有投手が薬指から出血することがあるのはこのためです。薬指から出血するのは正しくボールを持って、正しく手が閉じられている証拠ですが、やはり出血するのはよくありません。人さし指や中指のツメと同じように、親指のツメも日頃から手入れをしておきましょう。

一方、親指の腹でボールを持っている選手は、閉じられた手の外側に親指が出ます（**写真b**）。電球の話で説明したように、親指の腹は前腕を回外するときに使う部位です。そのため、親指の腹でボールを持つ選手の多くに"ボールのスライダー回転"が見られます。

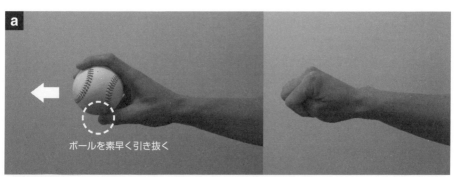

ボールを素早く引き抜く

親指の内側の角でボールを持っている人は閉じられた手の内側に親指が入る

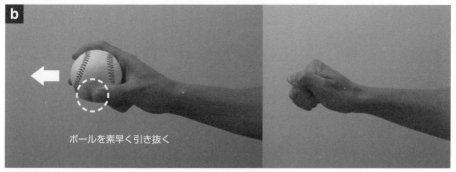

ボールを素早く引き抜く

親指の腹でボールを持っている人は閉じられた手の外側に親指が出る

　親指の腹でボールを持つのが癖であればすぐに修正すべきですが、手指に対してボールが大き過ぎる場合は親指の腹を使わないと持てません。手指の長さは身長と関係しています。特に、学童野球の選手では、平均身長の高い高学年の選手ほど親指の内側の角でボールを持つ傾向があり、平均身長の低い低学年の選手ほど親指の腹でボールを持つ傾向があります。現状では、高学年と低学年は共に軟式J号球（直径69mm）を使っていますが、低学年（4年生以下）ではオレンジ色の軟式D号球（直径64.5mm）を使うのがよいと思います。

なぜ投手のツメは頻繁に割れるのか？

　ツメの話の続きになりますが、なぜ投手は人さし指や中指のツメが頻繁に割れるのかを考えてみましょう。読者の皆さまは、ボールリリースの瞬間に人さし指と中指は、**写真のどちらの状態**になっていると思いますか？

　意外かもしれませんが、正解は**写真a**の状態です。ここから前ページで紹介し

たように手は勢いよく閉じられます。このとき、ボールに指先を立てるため、頻繁にツメが割れると考えられます。割れ方も特徴的で、ツメの中央部が親指側からよこに向かって割れます。仮に、**写真b**のように指が完全に伸び、指の腹でボールをなでているのであれば、頻繁にツメが割れることはないはずです。

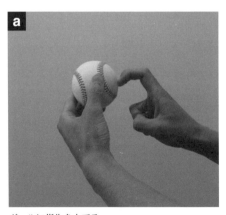

ボールに指先を立てる

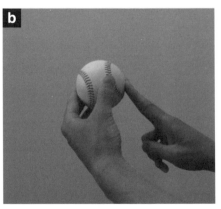

指の腹でボールをなでる

なぜこのような話をするのかというと、**P36写真b**のようなイメージを持った指導者がとても多いからです。このようなイメージが**写真**のような練習法につながっているような気がします。ある学童野球チームで調査をしたとき、全力投球において約半数の選手に"ボールのすっぽ抜け"が見られました。

気になったので、そのチームの指導者にどのような練習をしているのか聞いてみたところ、全選手に対して入団時から**写真**のような練習を継続的に行っているとのことでした。そこで、その指導者を説得してこの練習を廃止にしてもらったところ、翌年から選手たちのボールのすっぽ抜けが見られなくなったことを経験しました。

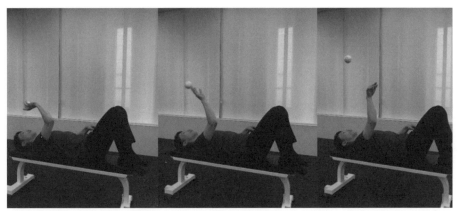

現場で行われている気になる練習法

Column ❻ 中日ドラゴンズで活躍した 宣銅烈投手のボールの持ち方

　韓国プロ野球界から日本プロ野球界への移籍第1号として注目を集め、中日ドラゴンズのクローザーとして活躍した宣銅烈（ソン・ドンヨル）投手をご存じの方は多いと思います。彼の直球の持ち方は独特で、ボールに対して人さし指と中指の指先を立てて持っていました。「ナックルじゃないの？」と思う人もいるかもしれませんが、彼の持ち球にナックルボールはありません。最速155km/hの直球と高速スライダーを武器に、中日ドラゴンズに在籍した4年間で98セーブという圧倒的な成績を残しました。

指先はラクロスのヘッドとよく似ている

ラクロスの大学日本代表メンバーとして活躍した知人から面白い話を聞いたことがあります。**写真**はラクロスで使用するクロスと呼ばれる用具ですが、選手によってヘッド部分の網の緩さが異なるそうです。シュートをたくさん打つ選手ほど網を緩くし、パスをたくさん出す選手ほど網を締めるそうです。

網を緩くするとリリースの瞬間を強く感じられるようになり（ラクロスでは"投げ感が出る"と表現する）、力強いシュートを打てるようになるそうです。網が緩いクロスを"かかるクロス"、網が締まったクロスを"抜けるクロス"と選手たちは表現するそうです。かかるクロスはボールに指先を立てる状態に、抜けるクロスは指の腹でボールをなでる状態によく似ています（**P36写真**）。「クロスは手の延長のようなものだ」と知人が教えてくれました。

ラクロスのクロス

手首を使って投げる？

　知人の話を聞いてから、クロスのシャフトとヘッド部分のつなぎ目をよく眺めるようになりました。完全に固定されたつなぎ目を眺めているうちに、投球動作（特に加速期）でも手関節の動作はそれほど大きくないのではないかと考えるようになりました。"スナップを使って投げる"や"リストを利かせて投げる"とい

った表現から、背屈・掌屈を使うようなイメージを持ってリストカールやリバース・リストカールなどを選手たちに取り組ませる指導者は多いと思いますが（**写真**）、リストワークの主体は、手関節の背屈・掌屈動作よりも前腕の回外・回内動作であると考えるようになりました。

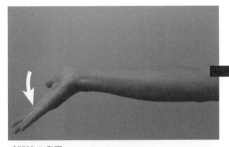

手関節の背屈

手関節の掌屈

リストカール

リバース・リストカール

例えば、自分の人さし指と中指で相手の手首をパチッとたたく"しっぺ"の動作や、水銀式の体温計を振る動作、団扇であおぐ動作（**写真**）、扇子であおぐ動作、手についた水を振り払う動作（**P41上写真**）なども、手関節の背屈・掌屈動作はほとんど使わずに前腕の回外・回内動作が主体となっています。

しっぺの動作

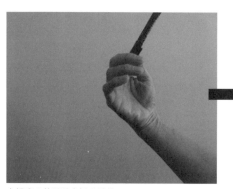

水銀式の体温計を振る動作

団扇であおぐ動作

扇子であおぐ動作

手についた水を振り払う動作

　私はウエイトトレーニングをするとき
にトレーニンググローブを使っています
（**写真**）。これを装着すると手首が固定さ
れ、手関節の背屈・掌屈動作が制限され
ます。その状態で投球をしてみても、そ

れほど違和感はありません。これも、リ
ストワークの主体が前腕の回外・回内動
作であると考えるようになった理由の一
つです。

手首を固定するトレーニンググローブ

⚾まとめ

・直球を投げるときは親指の〝内側の角〟でボールを持つ

・前腕を回内しながら親指を包むようにして手は閉じられる

・リストワークの主体は前腕の回外・回内動作

第5節 真下投げをやってみよう！

真下投げとは？

　理想的な上肢の振り動作とは、肩甲骨面上へのヒジ関節の伸展動作と前腕の回内動作を主体としたものであり、このような上肢の振り動作を導くのが体幹部の大きく素早い回旋動作であることを**第3節**で解説しました。

　ここでは、この体幹部の大きく素早い回旋動作を誰にでも簡単に実現できる"真下投げ"という練習法をご紹介します。真下投げとは、昔の外遊びであるメンコやくぎさしなどからヒントを得た練習法

です。

　写真のように、ボールが真上に弾むように真下（リリースポイントの真下）の地面ポイントに向かって思いきりたたきつけます。この真下投げは、本書の監修者である渡會公治先生が考案したもので、上手な投げ方を簡単に身に付けるための練習法です。1997年からは私も渡會先生の共同研究者として、真下投げの有効性を様々な角度から証明してきました。

真下投げ

地球に向かってボールを投げるとき体幹部は大きく素早く回旋する

写真aのように、利き手で自分の奥えりをつかんだまま、柔道の背負い投げのように、地球（重力方向）に向かって体幹部を回旋してみてください。次に、写真bのように、宇宙（真上）に向かって体幹部を回旋してみてください。最後に、写真cように、水平方向に体幹部を回旋してみてください。それぞれ3回ずつやって、体幹部の回旋動作を比べてみましょう。

地球方向が最も回旋しやすく、宇宙方向は最も回旋しにくい、水平方向は両者の中間、といった感じになると思います。水平方向をいつもの投球動作、水平よりやや上方を遠投動作と置き換えて考えると、真下投げは体幹部の回旋動作を改善するための練習法であることがすぐにわかると思います。第3節で解説したように、体幹部の回旋動作が改善されると、結果的に上肢の振り動作は肩甲骨面上へのヒジ関節の伸展動作と前腕の回内動作が主体になります。

体幹部の回旋動作を比べる

真下投げの正しい構えまでの手順

　真下投げの正しい構えまでの手順を説明します（**写真参照**）。はじめに、右足底の親指の付け根と目標（地面ポイント）とを結ぶ直線上に左足底を真っすぐに踏み込みます（逆L字のステップ位置、**P12図3**）。右足のつま先から左足のカカトまでの距離は身長の半分くらいにします。

　そして、両手を左ヒザの上に置き、左ヒザの上から土踏まずに向かって真っすぐに荷重します。右足底と左足底の荷重バランスは20：80くらいを目安にします（**写真a**）。

　次に、左手で真下（リリースポイントの真下）の地面ポイントをねらいます。右手はそのまま左ヒザの上に置いておきます（**写真b**）。

　最後に、「左手首」→「左ヒジ」→「左肩」→「左耳」をボールでなぞるようにして（右手で左側の髪をかき上げるような感じで）、頭の後ろにボールをセットします（**写真c〜f**）。

　このような手順で正しい構えができたら、あとは柔道の背負い投げ（**P22イラスト**）のように、真下の地面ポイントに向かってボールを思いきりたたきつけます（右足底と左足底の荷重バランスは0：100）。

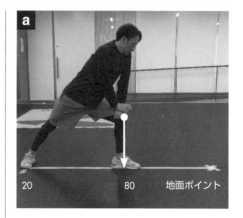

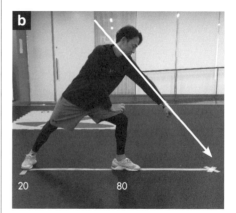

真下投げの正しい構えまでの手順

真下投げをする際の注意点

　真下投げをする際の注意点を4つ挙げます。1つ目、真下（リリースポイントの真下）の地面ポイントよりも手前にボールをたたきつけてしまうと（**図10a**の位置）、はね返ったボールが顔面に当たります。左足のつま先の直前ではなく、リリースポイントの真下にある地面ポイントを目がけてボールをたたきつけましょう。

　2つ目、はね返ったボールを目で追ってしまうと、体幹部の大きく素早い回旋動作を途中でやめてしまうことになり、何のための練習法なのかわからなくなってしまいます。はね返ったボールは無視して、左足のつま先が左側に回旋していないか（構えたときと同じ位置にあるか）どうかをすぐに確認しましょう。左足のつま先が左側に回旋している場合は、ヒ

ザのよこ割れ（**P25写真c**）が生じていると判断します。

　3つ目、自分から見て地面ポイントの右側にボールが当たってしまう場合（**図10b**の位置）は、体幹部の回旋不足と判断し、地面ポイントの向こう側にボールが当たってしまう場合（**図10c**の位置）は、ボールリリースの位置がまだ高いと判断します。このようなときは、ヒザ関節の強い伸展動作を意識して、体幹部の回旋を含む前傾動作をもっと引き出しましょう。

　4つ目、地面ポイントにボールは当たっているのに、自分から見て左側へボールが大きくはね返ってしまう場合（**図10d**）は、親指の腹でボールを持っていないか確認しましょう。

■図10　ボールの当たる場所とその原因

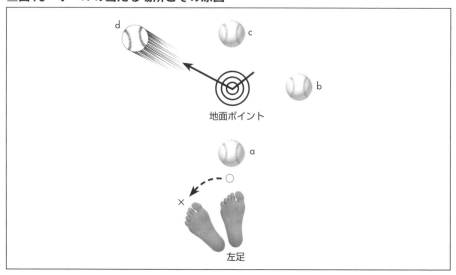

真下投げのボール滞空時間

　真下投げが上手にできるようになってきたら、ストップウォッチを用意してボールの滞空時間を計測してみましょう。ボールが地面にたたきつけられてから再び地面に落ちるまでの時間のことです（**イラスト**）。真下投げのボール滞空時間は、球速や遠投距離との間に強い正の相関関係があります。つまり、ボール滞空時間が長くなれば、球速が上がってより遠くまでボールを投げられるようになるということです。計測時には、地面やボールの硬さを一定にしましょう。ボールが高く弾むほうが楽しいので、アスファルトの上で硬式テニスのボールか軟式野球のボールを使って計測するのがよいと思います。

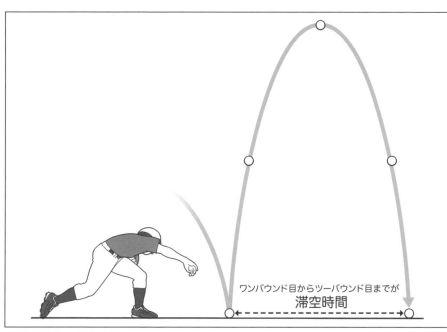

ワンバウンド目からツーバウンド目までが
滞空時間

真下投げのボール滞空時間

⚾まとめ

・真下投げのルーツはメンコ遊び

・地球（重力方向）に向かって投げる真下投げ

・真下投げでは投球動作のセルフチェックができる

"メンコ遊び"上達のための指導ポイント

外で遊ばなくなった子どもたち

現代の子どもたちの投能力は深刻な状況にあります。文部科学省が昭和39年度から実施している抽出調査「体力・運動能力調査」によると、投能力の水準が高かった昭和60年度と比べて令和4年度ではソフトボール投げの記録が11歳男子で8.59m低下、女子で5.30m低下しています（**P49図11**）。昭和60年度の11歳というと、偶然ですが私がこれに該当します。家庭用テレビゲームが登場したのもちょうどこの頃です。昭和60年度の記録を100％とすると、令和4年度では男女ともに25％以上も記録が低下しています（**図12**）。

また、同省が平成20年度から実施している全数調査「全国体力・運動能力、運動習慣等調査」によると、平成20年度と比べて令和4年度ではソフトボール投げの記録が小学5年生男子で5.1m（20.1％）低下、女子で1.7m（11.4％）低下しています（**図13**）。このように、長・短期的に見ても、子どもたちの投能力は低下が続いており、特に男子の低下が著しいといえます。

投能力を含む子どもたちの体力・運動能力の低下は、幼少期に外遊びをしなくなったことによる運動不足が一因と考えられています。中学野球選手654名を対象に、幼少期によくやった外遊びについてアンケート調査をしてみると、メンコ、こままわし、缶馬、竹馬については、知っているし経験したこともあるという選手は多かったのですが（**図14・15**）、得意だという選手はとても少ないことがわかります（**図16**）。また、くぎさし、S字けんけんについては忘れ去られつつあることがわかります（**図14**）。幼少期の外遊びには日常生活動作からスポーツ活動への橋渡しという重要な役割がありますが、幼少期の外遊びの機会が減少した現代においては、小学校での体育の授業が主な運動機会となってしまっています。幼少期に外遊びを通じて投げることの楽しさや喜びを十分に味わえなくなってしまったことが、子どもたちの野球離れにもつながっているような気がします。

■図11　ソフトボール投げの記録の年次推移（昭和39年度〜令和4年度）

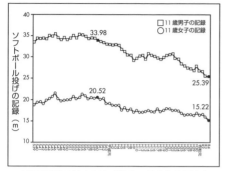

※文部科学省の抽出調査「体力・運動能力調査」

■図12　ソフトボール投げの記録の年次推移（昭和60年度を100%とした場合）

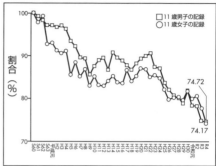

※文部科学省の抽出調査「体力・運動能力調査」

■図13　ソフトボール投げの記録の年次推移（平成20年度〜令和4年度）

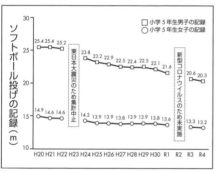

※文部科学省の全数調査「全国体力・運動能力、運動習慣等調査」

■図14　これらの外遊びを知っているか？

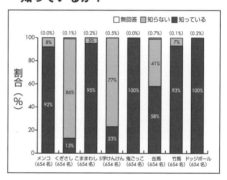

■図15　これらの遊びを経験したことがあるか？

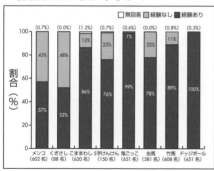

■図16　これらの外遊びは得意か？

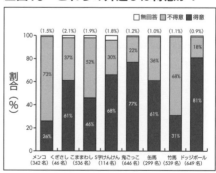

Column ❼ 小学校教諭は体育嫌いが多い

　2013年の和歌山大学 教育学部 教育実践総合センターの紀要に掲載されていた調査研究をご紹介します。和歌山市内の小学校教諭100名を対象としたアンケート調査で、学生時代に体育の授業が好きだったかどうかを聞いたものです。全体では、体育の授業が嫌いだったという教諭が約3割も存在しています。男女別にみると、特に女性では、体育の授業が嫌いだったという教諭が約4割も存在しています。文部科学省が実施している学校基本調査（令和4年度）によると、小学校教諭の62.4%は女性なので、全国的にも体育嫌いの女性教諭は多いと推測されます。小学校の体育の授業は主に担任の先生が指導にあたるので、このような体育嫌いの教諭が体育指導をすることで、子どもたちの運動嫌いを作っているのではないかと考えています。小学校の体育の授業にこそ、体育専科の教諭を配置すべきではないでしょうか？

投げ方を教わったことがない大人たち

　学童野球の指導者の方々から、「どうやって投げ方を教えたらいいのかわからない」、「なぜあんな（変な）投げ方をするのかわからない」といったご相談をよく受けます。誰から教わることもなく、外遊びの中で自然に投げ方を身に付けた世代が現代の指導者になっているわけですから、悩まれるのも当然のことだと思います。一昔前は「外遊びの中で自然に投げ方を身に付けた子どもたち」と「投げ方を教える必要がなかった大人たち」という構図でしたので、お互いに悩むことはそれほどなかったと思います。しかし、現代は「投げ方を知らない子どもた

ち」と「教え方を知らない大人たち」という構図に変わりました。大人も子どもも一から投げ方を学ぶ時代に変わったといえます。

　だからといって、慌てて野球関連の書籍を買い集めたり、高額な野球セミナーを受講したりする必要はありません。読者の皆さまが幼少期にどのようにして投げ方を身に付けたかを思い出してみてください。そこには、メンコ、くぎさし、ベーゴマ、水きり、すもうなど、"投げ"を含んだ外遊びがたくさんあったはずです（**イラスト**）。

メンコ

ベーゴマ

くぎさし

水きり

すもう

"投げ"を含んだ外遊び

メンコ遊びにもコツがある

　外遊びの中でも特に男子に人気が高かったのがメンコ遊びです。**第5節**でご紹介した真下投げは、このメンコ遊びがルーツとなっています。私たちの調査研究の一つに、メンコ遊び上達のための指導ポイントを明らかにしたものがあります。

　上達のための指導ポイントとして最も重要なことは、当たり前ですがメンコの初速度を高めることです。そして、メンコの初速度を高めるためには、「大きな

ステップ幅で構える」、「左ヒザを大きく屈曲させて構える」、「左ヒザを強く伸展しながら投げる」、「体幹部を大きく倒しながら投げる」、「リリースポイントの真下付近にメンコを投げる」ことが重要となります。これらメンコの初速度を高めるための構えや動作に加えて、「より低い位置でメンコをリリースする」ことがメンコ遊び上達のための近道となります。

メンコの代わりとなる市販のゴム製コースターと体操マットを用意しましょう（**写真**）。これらの用具は、いくつか試した中で最もよい組み合わせです。ゴム製コースターと柔道場の畳もよい組み合わせです。メンコは、親指と人さし指・中指・薬指とで深く持ちます。親指の腹で持つのではなく、ボールと同じように親指の内側の角で持ちます（**写真**）。

市販のゴム製コースター

体操マット

メンコの持ち方

メンコ遊びの正しい構えまでの手順を説明します。真下投げの正しい構えまでの手順（**P44写真**）と全く同じです。はじめに、右足底の親指の付け根と目標（相手のメンコ）とを結ぶ直線上に左足底を真っすぐに踏み込みます（逆L字のステップ位置、**P12図3**）。右足のつま先から左足のカカトまでの距離は身長の半分くらいにします。

そして、両手を左ヒザの上に置き、左ヒザの上から土踏まずに向かって真っすぐに荷重します。右足底と左足底の荷重バランスは20：80くらいを目安にします（**P53写真a**）。

次に、左手で真下（リリースポイントの真下）にある相手のメンコをねらいます。右手はそのまま左ヒザの上に置いておきます（**写真b**）。

最後に、「左手首」→「左ヒジ」→「左肩」→「左耳」を自分のメンコでなぞるようにして（右手で左側の髪をかき上げるような感じで）、頭の後ろにメンコをセットします（**写真c〜f**）。

このような手順で正しい構えができたら、あとは柔道の背負い投げ（**P22イラスト**）のように、相手のメンコに向かって自分のメンコを思いきりたたきつけます（右足底と左足底の荷重バランスは0：100）。

昔のメンコ遊びの名人たちは、より低い位置でメンコをリリースし、（地面との接触によって）指先をよく擦りむいたことが知られています。

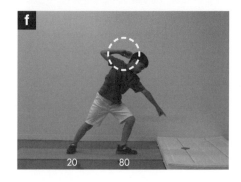

相手のメンコ

メンコ遊びの正しい構えまでの手順

⚾ まとめ

・現代の子どもたちの投能力低下は深刻な状況

・大人も子どもも一から投げ方を学ぶ時代

・真下投げと同様にメンコ遊びも正しく構えることが重要

肩・ヒジ関節の痛みを隠す選手たち

肩・ヒジ関節に痛みがある選手の割合

　私たちの調査研究の一つに、6年間にわたって実施した肩・ヒジ関節の投球障害に関するフィールド調査があります。全国各地をまわって10957名（小学生62チーム、中学生114チームおよび25地区、高校生36チーム、大学生18チーム）の選手を調査しました。調査した10957名の選手のうち、投球時に肩関節に痛みがある選手は1224名（11.2％）、ヒジ関節に痛みがある選手は1575名（14.4％）、合計2799名（25.6％）でした（**図17**）。そのうち、肩関節とヒジ関節の両方に痛みがある選手は272名（9.7％）でした。

　年代別に見てみると、年代が上がるにつれて肩・ヒジ関節に痛みがある選手の割合が高くなる傾向がありました（**P55 図18**）。特に高校生の35％と大学生の52％という数値は異常なものでした。

■図17　肩・ヒジ関節に痛みがある選手の割合（全体）

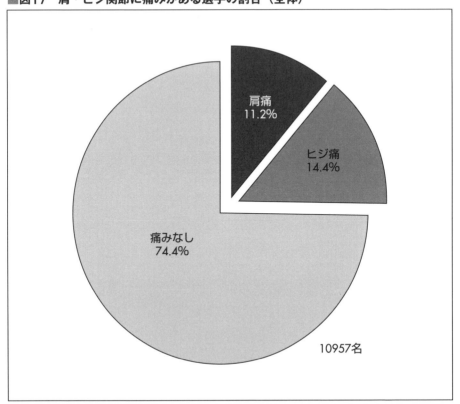

肩痛
11.2%

ヒジ痛
14.4%

痛みなし
74.4%

10957名

■図18　肩・ヒジ関節に痛みがある選手の割合（年代別）

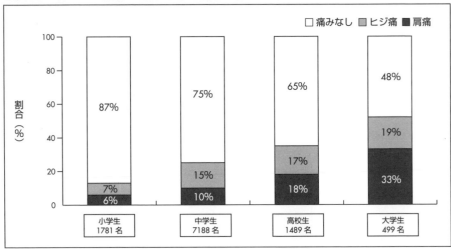

肩関節の痛みとヒジ関節の痛みの割合

　小学生から中学生にかけてはヒジ関節に痛みがある選手の割合が高くなり、それ以降は肩関節に痛みがある選手の割合が高くなる傾向がありました（**図19**）。

成長期のヒジ関節は成長軟骨があるため脆弱であり、まずはその弱くてもろい部位から壊れていくものと考えられます。

■図19　肩関節の痛みとヒジ関節の痛みの割合（年代別）

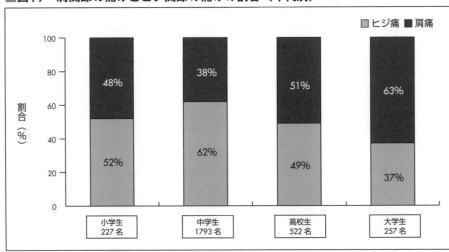

肩・ヒジ関節の痛みの部位

肩関節の痛みの部位は、小学生では後方が多く、年代が上がるにつれて前方が多くなる傾向がありました（**図20**）。このような痛みの部位の移行（後方→前方）は、投球動作の移行（体幹部の回旋を含む前傾動作が浅い→深い）が関与していると考えています。

一方、ヒジ関節の痛みの部位は、どの年代においても内側が半数以上を占めていました（**図21**）。

■**図20　肩関節の痛みの部位（年代別）**

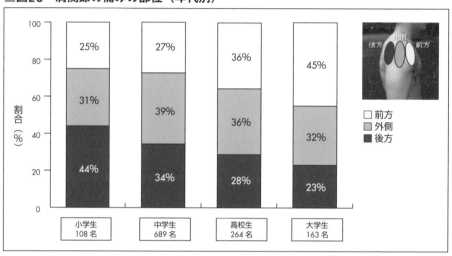

■**図21　ヒジ関節の痛みの部位（年代別）**

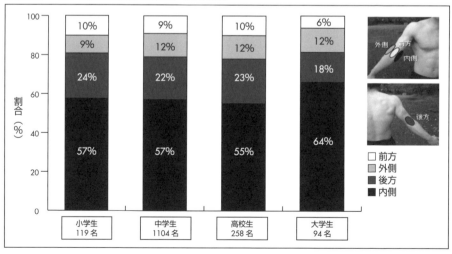

6年間のフィールド調査で感じたこと

6年間のフィールド調査で私たちが最も驚いたことは、平均25.6%の選手が肩・ヒジ関節に痛みをかかえて練習していたことよりも、指導者がこれらの実態をほとんど把握していなかったことでした。指導者が把握している有痛者は2～3名であっても、グラウンドに出向いて選手たちに直接問いかけると、チームの半数以上が有痛者であることが多々ありました。強いチームや選手数の多いチームほど、指導者が把握している有痛者数と実際の有痛者数との間には大きな開きがあ

りました。弱いチームや選手数の少ないチームであっても、指導者による有痛者数の把握率は100%には届きませんでした。指導者が怖いこと、親の期待が大きいこと、ライバルがたくさんいること、代わりの選手がいないことなど、肩・ヒジ関節の痛みを正直に申告できない環境がそこにはあると考えられます。私たちのフィールド調査では、投球時に肩・ヒジ関節に痛みがある選手は平均25.6%でしたが、実際にはその1.5～2倍くらいは存在すると考えています。

Column ⑧　甲子園常連校で調査したときのこと

理由はよくわかりませんが、甲子園常連校ほど私たちの調査にはとても協力的でした。"うちの選手たちは弱音を吐かない"という自信からなのでしょうか？全国制覇を達成したこともある甲子園常連校で調査をしたときのことです。調査前日に監督に挨拶の電話をしたところ、「伊藤さん、現時点で肩・ヒジを痛めているのは1～2名しかいないよ。せっかく遠くまで来てもらっても、いいデータが取れないかもよ」といわれました。私は、「肩・ヒジを痛めている選手が1名もいなくても調査に伺わせていただきます。その際、監督は涼しいところでお茶でも飲んでいてください」と伝えました。当日、監督のいないところで調査をしたところ、部員80名のうち半数以上に肩・ヒジの痛みがありました。後日、部員の保護者と話をする機会があったのですが、私が調査を終えて帰った後、その日の練習はこれまでにないほど激しいものであったそうです。

⚾ まとめ

- 投球時に肩・ヒジ関節に痛みがある選手は平均25.6%
- 年代が上がるにつれて有痛者の割合は高くなる
- 指導者による有痛者数の把握率は100%に届かない

真下投げで肩・ヒジ関節の痛みは軽減・消失する

肩・ヒジ関節の痛みを数値化する

Visual Analog Scale（VAS）という主観的な痛みの定量的な評価法をご紹介します（**図22**）。紙と鉛筆と定規を用意しましょう。ちょうど10cmの直線を2本引き、左端（0cm）を「全然痛くない」、右端（10cm）を「痛くて耐えられない」とします。それ以外の目盛りは書きません。投球時に肩・ヒジ関節がどのくらい痛むのかをたて線で示します。たて線までの長さがそのままVAS得点となります。とても簡単な評価法ですね（**図22上**）。

ただし、このVAS得点を他の選手との比較に用いることはできません。同一選手が、昨日と今日の痛みを比べる、練習前と練習後の痛みを比べる、オーバースローとサイドスローの痛みを比べる、遠投とピッチングの痛みを比べる、といった場合に用います。いろいろな場面で活用できると思います。私たちはこのVAS得点を、通常の投球と真下投げにおける肩・ヒジ関節の痛みの比較に用いました（**図22上下**）。

■図22　主観的な痛みの定量的な評価法（VAS）

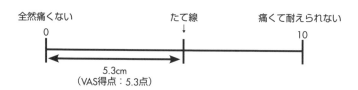

真下投げでは VAS 得点が低下する

通常の投球をしたときに肩関節に痛みがある選手407名（小学生30名、中学生220名、高校生125名、大学生32名）と、ヒジ関節に痛みがある選手472名（小学生43名、中学生324名、高校生87名、大学生18名）を対象にしました。肩関節の痛みの部位は、外側157名（38.6％）、前方128名（31.4％）、後方122名（30.0％）でした（**図23**）。ヒジ関節の痛みの部位は、内側260名（55.1％）、後方106名（22.5％）、外側58名（12.3％）、前方48名（10.2％）でした（**図24**）。これら879名の選手たちに、通常の投球と

真下投げの両方をやってもらい、VAS得点を用いて肩・ヒジ関節の痛みを比べてみました。

その結果、通常の投球時と比べて真下投げでは、肩・ヒジ関節のすべての部位においてVAS得点が統計上有意に低下しました（**図23・24**）。また、真下投げにおいてVAS得点「0」、すなわち「全然痛くない」を示した選手は、肩関節で98名（24.1％）、ヒジ関節で139名（29.5％）でした。つまり、年代や肩・ヒジ関節の部位に関わらず、真下投げでは痛みが軽減・消失することがわかりました。

■図23　通常の投球と真下投げにおける肩関節の痛み（部位別）

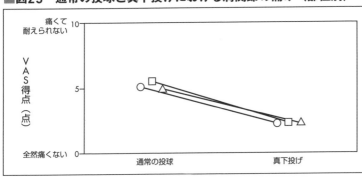

○ 外側の痛み 157 名
□ 前方の痛み 128 名
△ 後方の痛み 122 名

■図24　通常の投球と真下投げにおけるヒジ関節の痛み（部位別）

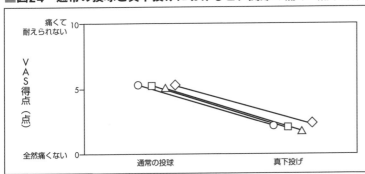

○ 内側の痛み 260 名
□ 後方の痛み 106 名
△ 外側の痛み 58 名
◇ 前方の痛み 48 名

Column ⑨ 私の授業では VAS をこう用いる

　私は、大学で「トレーニング科学演習」という授業を担当しています。初回の授業では10 ～ 12kgくらいのダンベルでアームカールをさせます。ただし、右腕は上げる（ヒジを曲げる）動作だけ、左腕は下ろす（ヒジを伸ばす）動作だけをさせます。ダンベルで長方形を描くように、右腕で3秒をかけてゆっくり上げ、右手から左手に2秒で持ち替え、左腕で3秒をかけてゆっくり下ろし、左手から右手に2秒で持ち替えるので1周10秒です。それを30周（300秒）させます。翌日から5日間、左右の上腕二頭筋の痛みをVASに記入させ、次回の授業で記録紙を提出させます。読者の皆さまはどちらの上腕二頭筋に強い筋肉痛が生じると思いますか？　正解は左の上腕二頭筋です。2日後あたりに痛みがピークに達し、その後は徐々に治まっていきます。右の上腕二頭筋にはほとんど筋肉痛が生じません。キーワードは"伸張性筋収縮"というものです。野球でもいろいろな部位に筋肉痛が生じますが、どのような動作でその筋肉痛が生じているのかを考えてみると面白いと思います。

痛みの原因をスクリーニングする

　真下投げは上手な投げ方を身に付けるための練習法ですが、肩・ヒジ関節の痛みの原因を大まかに選別するための手段としても役に立ちます。**P61図25**をご覧ください。選手が肩・ヒジ関節の痛みを訴えてきたら、すぐに病院へ行かせるのではなく、真下投げを用いて痛みの原因をスクリーニングしてみましょう。

　真下投げで痛みが軽減・消失するようであれば、その痛みの原因は未熟な投球動作（体幹部の回旋不足による肩関節の外旋・内旋を主体とした上肢の振り動作など）にあり、痛みが変わらないもしく

は増大するようであれば、その痛みの原因は器質的破綻にあると考えられます。当たり前ですが、未熟な投球動作を修正するのは医者の仕事ではなく指導者の仕事です。一方、器質的破綻を治療するのは専門医の仕事です。私たちのフィールド調査では、肩・ヒジ関節に痛みがある選手の9割は、真下投げで痛みが軽減・消失することがわかっています。つまり、痛みの原因の9割は未熟な投球動作にあります。いずれにせよ、指導者と専門医とが適正な役割分担をして、肩・ヒジ関節の痛みに対処していく必要があります。

■図25　真下投げで肩・ヒジ関節の痛みの原因をスクリーニングする

選手が肩・ヒジ関節の痛みを訴えてきたら

↓

真下投げによるスクリーニングテストを実施

| 痛みが軽減・消失 | 痛みが変わらない・増大 |

↓

未熟な投球動作が原因

体幹部の回旋不足による肩関節の外旋・内旋を主体とした上肢の振り動作など

器質的破綻が原因

↓

指導者が修正

専門医による治療

全体の9割

全体の1割

⚾ まとめ

・肩・ヒジ関節の痛みは簡単に数値化できる

・真下投げでは肩・ヒジ関節の痛みが軽減・消失する

・肩・ヒジ関節の痛みの原因は9割が未熟な投球動作

第9節 真下投げから次の展開

2m・4m真下投げ

真下投げが上手にできるようになったら、真下（リリースポイントの真下）の地面ポイントを少しだけ遠ざけてみましょう（**写真**）。まずは2m遠ざけてみます。0mと2mとで投球動作に差を感じなくなるまで練習しましょう。差を感じなくなったら、さらに2m遠ざけてみます。地面ポイントが0m→2m→4mと遠ざかるにつれて投球方向は水平に近づいていき（上方に向かっていき）、特に体幹部が回旋しにくくなってくることを体感できると思います。最終的には、地面ポイント0mと4mとで体幹部の回旋動作に差を感じなくなることがこの段階での目標です。じっくりと時間をかけて練習していきましょう。

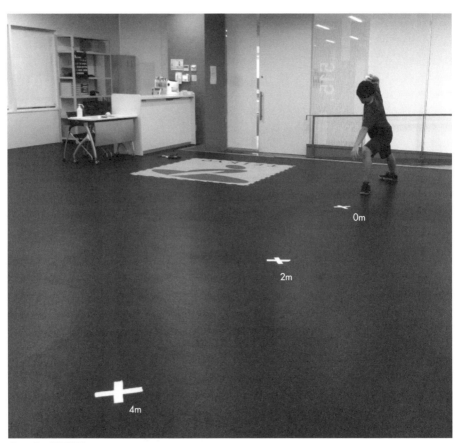

2m・4m真下投げ

遠くの小さな目標よりも近くの大きな目標で！

4m真下投げが上手にできるようになったら、すぐに水平方向へのキャッチボールやピッチングに移りたいところですが、焦らずにもう一つ段階を踏みましょう（**図26**）。キャッチボールやピッチングのように遠くの小さな目標にボールをコントロールしようとすると、難しくて"上肢の振り動作が出しゃばる"かもしれ

ませんので、同じ水平方向でも近くの大きな目標に向かってボールを投げるネットスローが易しくてよいと思います（**P64上写真**）。最終的には、4m真下投げとネットスローとで体幹部の回旋動作に差を感じなくなることがこの段階での目標です。

■**図26　段階的に難しい投球動作へと移行する**

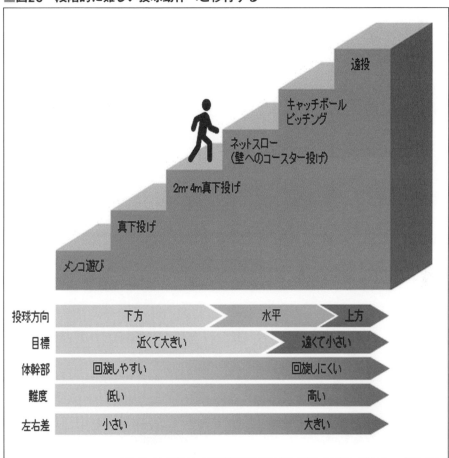

このとき、ボールのスライダー回転が気になっている選手におすすめしている練習が、壁へのコースター投げです（**下写真**）。ネットスローと同じ要領で、近くの大きな壁に向かって市販のゴム製コースターを投げます。コースターの面と壁面とがしっかりと当たると、「パンッ」と気持ちのよい音がします。うまく当た

らず変な音がする場合は、コースターを親指の腹で持っていないか確認してみてください。親指の腹は前腕を回外するときに使う部位です（**P34写真b**）。コースターもボールも、親指の内側の角で持って前腕を回内しないと上手に投げることはできません。壁へのコースター投げは遊び感覚でやってみましょう。

ネットスロー

壁へのコースター投げ

学童期の遠投は必要か？

P63図26で考えると、遠投（**写真**）は最も難しい投球動作となります。助走をつけて投げることが多いので身体を大きく使っているように見えますが、助走をつけずにセットポジションからピッチングと遠投をさせてみると、ステップ幅は遠投のほうが小さくなります。上方に向かって投げるため踏み込みにくくなり、体幹部も回旋しにくくなります。

遠投が最も難しい投球動作であることをより理解するために、**図26**の全ての投球動作を利き手と非利き手でやってみましょう。難度の低い投球動作では左右差が小さく、難度の高い投球動作では左右差が大きいことを体感できると思います。遠投では驚くほどの左右差を感じることでしょう。

学童野球の指導者の方々から「遠投は必要ですか？」というご質問をよく受けますが、私は「必要ありません」と即答します。勉強と同じで、易しい問題が解けない人に難しい問題が解けるはずがないからです。学童期には、キャッチボールやピッチングまでの階段を、その日のコンディションや気分に合わせて上がったり下がったりするのがよいと思います。

助走をつけた遠投

Column ⑩　　**ダルビッシュ有投手の左投げ**

　TVやYoutubeなどで、ダルビッシュ有投手が非利き手でキャッチボールやピッチングをする様子を見たことはあると思います。非利き手で110km/hを超える直球を投げ、さらにはスライダーやチェンジアップなどの変化球も投げます。身体の感覚がとても優れているのだと思います。子どもたちにも、難度の低い投球動作（メンコ遊び・真下投げ）を利き手と非利き手で練習させてみましょう。そして、少しずつ投球動作の難度を高めていき（2m真下投げ→4m真下投げ→ネットスロー→キャッチボール・ピッチング）、皆でダルビッシュ有投手に近づきましょう。身体の感覚を磨くとてもよい練習になると思います。

🏐まとめ

・投球練習は近くの大きな目標で

・難度の低い投球動作では左右差が小さい

・学童期に遠投は必要なし

第2章
投球の"量"を知る

徳島県から始まった 投球数制限のルール化

世界トップレベルの大会でも1試合での投球数には上限がある

2023 WORLD BASEBALL CLASSIC（以下、WBC）での日本代表"侍ジャパン"の活躍は記憶に新しいと思います。世界トップレベルの投手が集まるこの大会では、1試合での投球数に上限が設けられています。1次ラウンドは65球、2次ラウンドは80球、準決勝以降は95球です。投球数を厳しく制限する理由はとてもシンプルです。いかに完成された投手であっても、全力投球を続ければ疲労して投球パフォーマンス（球威と制球力）が必ず落ちるからです。そして、そのような状態でさらに全力投球を続けることは肩・ヒジ関節の投球障害を引き起こす原因になるからです。

WBCのように完成された投手が快適な環境（ドーム球場やナイター）で試合をする場合でも厳しく投球数が制限されているわけですから、アマチュア野球のように未完成の投手が炎天下で試合をする場合にはより厳しい投球数の制限が必要です。米国では、投球数制限のガイドライン"pitch smart"（**表1**）によって、1試合での最大投球数が年齢別（7～22歳）に決められています。日本はどうかというと、学童野球（軟式）や少年野球（軟式）の公式戦において1試合での最大投球数が決められたのはごく最近のことであり、高校野球以降では1試合での投球数に制限がありません。野球世界一の日本ですが、成長期にある投手の健康管理に関しては世界一からほど遠い現状です。

■表1　米国における投球数制限のガイドライン"pitch smart"

年齢	1試合での最大投球数	必　要　な　休　養　期　間					
		0日	1日	2日	3日	4日	5日
7～8歳	50球	1～20球	21～35球	36～50球	―	―	―
9～10歳	75球	1～20球	21～35球	36～50球	51～65球	66球以上	―
11～12歳	85球	1～20球	21～35球	36～50球	51～65球	66球以上	―
13～14歳	95球	1～20球	21～35球	36～50球	51～65球	66球以上	―
15～16歳	95球	1～30球	31～45球	46～60球	61～75球	76球以上	―
17～18歳	105球	1～30球	31～45球	46～60球	61～80球	81球以上	―
19～22歳	120球	1～30球	31～45球	46～60球	61～80球	81～105球	106球以上

浸透しなかった日本臨床スポーツ医学会の提言

表2に、学童野球公式戦において投球数制限がルール化されるまでの大まかな流れをまとめてみました。ご存じの方も多いと思いますが、1995年に日本臨床スポーツ医学会 学術委員会 整形外科専門部会は、「青少年の野球障害に対する提言」というものを発表しています。その中で、小学生の全力投球数については、1日50球以内、試合を含めて週200球を超えないことと明記しています。しかし、

この提言がなされてから今日に至るまで、学童野球公式戦（特に高学年）において〝投球数制限50球〟がルール化されたことは一度もありません。「これは提言であってルールではない」、「ルールではないのだから守る必要はない」というのが現場サイドのとらえ方であり、練習・練習試合・公式戦において50球という投球数が特別に意識されることもありませんでした。

■表2　学童野球公式戦において投球数制限がルール化されるまで

年	団体名	制限の内容	区分	対象	提言? or ルール?
1995年	日本臨床スポーツ医学会 学術委員会 整形外科専門部会	全力投球数は1日50球以内	投球数制限	練習・練習試合・公式戦	青少年の野球障害に対する提言
		試合を含めて週200球を超えないこと			
2012年	全日本軟式野球連盟	1日7イニングまで（3年生以下は1日5イニングまで）	イニング数制限	国内すべての公式戦	ルール
2018年	徳島県軟式野球連盟	1日70球以内（4年生以下は1日50球以内）	投球数制限	徳島県大会	ルール
2019年	全日本軟式野球連盟	1日70球以内	投球数制限	高円宮賜杯第39回全日本学童軟式野球大会マクドナルド・トーナメント	ルール
2020年	全日本軟式野球連盟	1日70球以内（4年生以下は1日60球以内）	投球数制限	国内すべての公式戦	ルール

69

投球数制限ルール化の足がかりとなったイニング数制限

　日本臨床スポーツ医学会の提言から17年後、全日本軟式野球連盟（以下、全軟連）は大きな一歩を踏み出しました。2012年度の学童野球公式戦より、投球イニング数を1日7イニングまで（3年生以下は1日5イニングまで）とする"イニング数制限"をはじめてルール化しました（**P69表2**）。イニング数制限のルール化により、試合が決するまで延々と投げ続ける投手は確かにいなくなりました。しかし、依然として投手の投球過多は続いていました。実際、私たちが2014～2015年度に調査をした都内の学童野球公式戦では、7イニングでの投球数が100球を超える投手は数多く存在し、最大では140球に達する投手もいました。イニング数制限では投手の投球過多は完全には抑えきれないことが早い段階でわかり、これを機に、全軟連の医・科学委員会は投球数制限のルール化を本格的に検討し始めました。

徳島県が全国に先駆けて投球数制限をルール化した

　学童野球公式戦において、投球数制限をはじめてルール化したのは徳島県軟式野球連盟です。2018年度の県大会より、投手の投球数を1日70球以内（4年生以下は1日50球以内）に制限しました（**表2**）。この"投球数制限70球"を提案した徳島大学の松浦哲也医師は、「1日50球以内にするのがベストだが、50球以内にすると最低3名は投手を用意することが求められる。少人数のチームでは大会参加自体が困難だろうとの配慮で、妥協的に1日70球以内を提案した」と述べています。また、投球数制限70球のルール化により、複数の投手育成や肩・ヒジ関節の投球障害予防に対する関心が高まり、特にヒジ関節の痛みを訴える投手が40.6%から31.2%に著しく減少したことを報告しています。

全国に広まった投球数制限のルール化

　徳島県での成果を受け、全軟連も2019年度の高円宮賜杯 第39回全日本学童軟式野球大会 マクドナルド・トーナメントより、投球数制限70球をルール化することに決めました（**P69表2**）。そして、1年間の周知期間を経た2020年度からは、国内すべての学童野球公式戦において投球数制限70球（4年生以下は1日60球以内）をルール化しました（**表2**）。日本臨床スポーツ医学会の提言が発表されてからちょうど25年後のことでした。ここでいう投球数制限70球とは、投球数が70球に達した時点で即座に投手交代になるというものではなく、対する打者の打撃が完了するまで投げ続けることができるというものです。そのため、実際には投球数が70 ～ 75球あたりでの投手交代となります。今のところ、投球数制限70球のルール化による現場での混乱は見られていません。

高円宮賜杯 第39回全日本学童軟式野球大会 マクドナルド・トーナメント
（写真提供：全日本軟式野球連盟）

70 球の投球数制限は妥当か？

徳島県から始まり全国に広まった、学童野球公式戦における投球数制限70球のルール化は、肩・ヒジ関節の痛みを訴える投手の減少につながっていることは確かです。しかし、70球という投球数の妥当性については十分な検証がなされていたわけではありません。徳島大学の松浦医師も、「そもそも70球が妥当な投球数なのかも不明であり、信頼性の高いエビデンスの構築が医療サイドに求められている」と述べています。特に、肩・ヒジ関節の投球障害は、質（未熟な投球動作）と量（投げ過ぎ）という共通のメカニズムによって発生していることから、投球動作やボール特性の観点からも70球という投球数の妥当性について検証する必要があります。つまり、投球数の増加に伴って投球動作やボール特性がどのように変化していくのか（どのように乱れていくのか）を"実戦の中で明らかにする"ことが、投球数制限の至適範囲を定める上で重要となります。

⚾まとめ

- いかに完成された投手でも全力投球を続ければ疲労して投球パフォーマンスは必ず落ちる
- 徳島県から全国に広まった投球数制限70球のルール化
- 2020年度から投球数制限70球が国内すべての公式戦でルール化された

第2節 投球数制限の至適範囲を定める

実戦の中で投球動作はどのように乱れていくのか?

　私たちの調査研究の一つに、都内の学童野球公式戦に登板した78名の投手の、登板1試合目における全投球を動作分析したものがあります。78名の投手の投球数を（**表3**）に示しました。70球を超える投手が57名（73.1%）もいますが、この研究の対象となった2014 ～ 2015年度の都内の学童野球公式戦は、投球数制限70球がまだルール化されていない時期のものだからです。

　はじめに、全投球（6461球）を直球（6255球）とスローボール（206球）とに分類し、スローボールと分類された206球（3.2%）については対象者の投球数には含めましたが、動作分析からは除外しました。そして、投球数の増加に伴い、**P74写真**のA ～ Hのような現象が見られた場合を"投球動作の乱れ"、I・Jのような現象が見られた場合を"ボール特性の乱れ"としました。ここでいう乱れとは、投球動作やボール特性が低学年野球選手の特徴に近づくことを意味しています。

　得られた結果をまとめたものが**P74図27**です。立ち上がりの10球に対し、11球目以降10球ごとに、まずは投球動作に乱れが生じた投手数の割合を見てみると、80球目まではA ～ Hのすべての項目が25%未満の低値を推移していました。しかし、81 ～ 90球の区間になると、「H：ボールリリース高の上昇」の割合

が急増しました。さらに、91 ～ 100球の区間になると、「H：ボールリリース高の上昇」に加え、「C：大腿角度の増大」、「D：体幹角度の増大」、「F：股関節角度の増大」の割合も急増しました。大腿角度や体幹角度の増大は両者の和である股関節角度の増大をもたらし、股関節角度の増大は結果的にボールリリース高の上昇をもたらしたと考えられます。

　特に、「H：ボールリリース高の上昇」は、いわゆる"高めにボールが浮く"という状態を招くものであり、打者にとってはボールをとらえやすくなり、長打も出やすくなります。また、これら投球動作の乱れは、下肢→体幹→上肢への運動連鎖の効率低下（**P10図2**）を意味しており、このような状態で投球を続けることは肩・ヒジ関節の投球障害を引き起こす原因にもなります。

■表3　学童野球公式戦に登板した78名の投手の投球数（登板1試合目）

投球数	人数
51 ～ 60球	10名
61 ～ 70球	11名
71 ～ 80球	20名
81 ～ 90球	12名
91 ～ 100球	9名
101 ～ 110球	7名
111 ～ 120球	7名
121 ～ 130球	1名
131 ～ 140球	1名

投球動作やボール特性における乱れの指標

■図27　投球動作やボール特性に乱れが生じた投手の割合

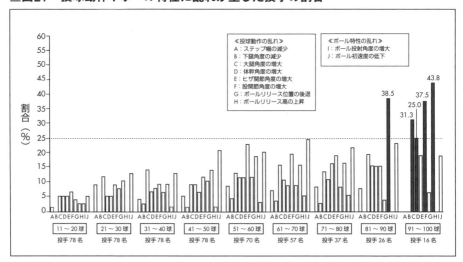

ボール特性はどのように乱れていくのか？

続いて、ボール特性に乱れが生じた投手数の割合を見てみると、100球目まで「I:ボール投射角度の増大」と「J:ボール初速度の低下」は25%未満の低値を推移していました（**P74図27**）。特に、ボール初速度は、運動連鎖の観点から投球動作に乱れが生じた後に失速してくる

ことが予想され、101球目以降に「J:ボール初速度の低下」の割合が急増する可能性があります。指導者の中には、球威が落ち始めたら投手交代をするという方も多いですが、肩・ヒジ関節の投球障害を予防する観点からは不適切な判断基準（遅すぎる判断基準）といえます。

投球数制限の至適範囲とは？

以上から、80球を超えると主に投球動作に乱れが生じる投手数の割合が急増するため、学童野球公式戦の登板1試合目では投球数を80球以内に制限すべきです。したがって、全軟連が2020年度にルール化した学童野球公式戦における投球数制限70球（通常70 ～ 75球での

投手交代）は、登板1試合目の投球数制限としては適正（至適範囲）といえます。米国のpitch smart（**P68表1**）においても、1試合での最大投球数は9 ～ 10歳で75球、11 ～ 12歳で85球と決められており、80球前後での投手交代となっています。

⚾まとめ

- 80 球を超えたあたりから投球動作は乱れ始める
- 球威が落ち始めてからの投手交代では遅すぎる
- 学童野球公式戦にける投球数制限 70 球は適正（至適範囲）といえる

適正な登板間隔とは？

学童野球公式戦には登板間隔に関するルールがない

米国のpitch smart（**P68表1**）では、1試合での最大投球数に加え、投球数に応じた休養期間（登板間隔）も決められています。例えば、11 〜 12歳の投手が1試合で70球を投げた場合、次の登板までは4日間を空けないといけません。

日本では、2020年度より国内すべての学童野球公式戦において投球数制限70球がルール化されましたが（**P69表2**）、登板間隔に関するルールはありません。1試合での投球数を制限することに加え、十分な登板間隔を確保することは、投球の"量"を大幅に抑えることにつながります。現時点では登板間隔に関するルールはありませんが、指導者は適正な登板間隔について知っておく必要があります。

学童野球公式戦は基本的に中5日〜中6日の間隔で行われている

学童野球公式戦の年間スケジュールを見てみると、全国11000チームが参加する各都道府県末端支部大会から始まり、各都道府県大会、全国大会へと続いています（**図28**）。そのうち、各都道府県末端支部大会と各都道府県大会では、毎週末を中心に約1ヶ月をかけてトーナメントを組むことが多く、1つ勝ち進むと基本的には5日間〜 6日間を空けて（いわゆる中5日〜中6日の間隔で）次の試合が行われます。

■図28　学童野球公式戦の年間スケジュール

全国大会
（6日間）

各都道府県大会
（中5日〜中6日の間隔）

各都道府県末端支部大会
（中5日〜中6日の間隔）

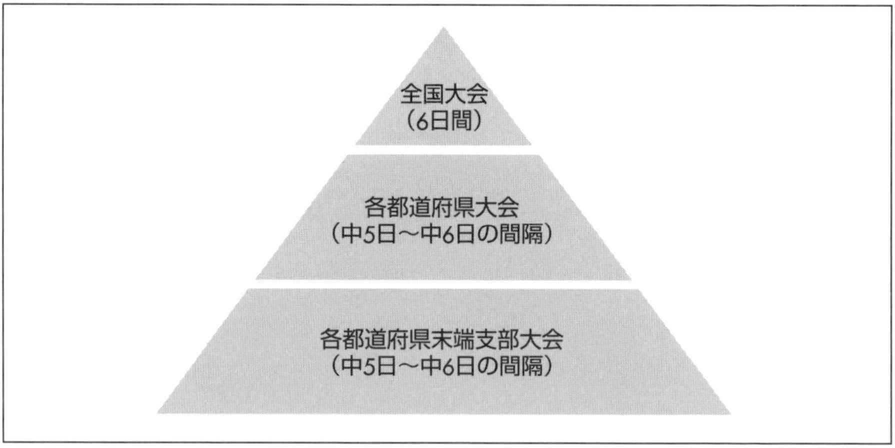

中5日～中6日の登板間隔は投球動作やボール特性に どのような影響を与えるのか？

　適正な登板間隔を定めるためには、登板間隔の違いによって投球動作やボール特性がどのように変化していくのかを実戦の中で明らかにすることが重要となります。私たちの調査研究の一つに、都内の学童野球公式戦に登板した11名の投手

の、登板1試合目における全投球と中5日～中6日の間隔で再び登板した2試合目における全投球を動作分析したものがあります。11名の投手の身体特性と投球内容を**表4**に示しました。

■表4　対象者の身体特性と投球内容

対象者	身長	体重	年齢	野球歴	学年	登板試合	登板間隔	全投球		共通投球数
								直球	スローボール	
A	151.0cm	40.0kg	11歳	6年	6年生	1試合目	中5日	63球	2球	63球
						2試合目		80球	2球	
B	155.0cm	40.0kg	12歳	5年	6年生	1試合目	中5日	80球	1球	80球
						2試合目		80球	4球	
C	150.0cm	37.0kg	11歳	6年	6年生	1試合目	中5日	72球	7球	52球
						2試合目		52球	6球	
D	156.0cm	50.0kg	11歳	6年	6年生	1試合目	中5日	51球	0球	51球
						2試合目		90球	0球	
E	161.0cm	47.0kg	12歳	4年	6年生	1試合目	中6日	67球	0球	67球
						2試合目		70球	0球	
F	162.0cm	56.0kg	11歳	6年	6年生	1試合目	中6日	67球	1球	67球
						2試合目		83球	0球	
G	132.0cm	30.0kg	10歳	5年	5年生	1試合目	中6日	60球	0球	60球
						2試合目		60球	0球	
H	144.0cm	47.0kg	11歳	6年	6年生	1試合目	中6日	53球	2球	53球
						2試合目		65球	4球	
I	150.0cm	52.0kg	11歳	6年	6年生	1試合目	中6日	84球	0球	67球
						2試合目		67球	0球	
J	142.0cm	35.0kg	11歳	5年	6年生	1試合目	中6日	91球	0球	52球
						2試合目		52球	0球	
K	153.0cm	42.0kg	11歳	6年	6年生	1試合目	中6日	101球	2球	68球
						2試合目		68球	5球	

はじめに、全投球（1592球）を直球（1556球）とスローボール（36球）とに分類し、スローボールと分類された36球（2.3%）については、動作分析から除外しました。続いて、登板1試合目と登板2試合目に共通する直球の投球数（共通投球数）を求め、分析や比較をするための投球数としました。そして、登板1試合目と比較して、登板2試合目に**写真**のA〜Jのような現象が見られた場合を投球動作やボール特性の"悪化"、変化が見られなかった場合を"回復"、A〜Jとは反対の現象が見られた場合を"好転"としました。

投球動作とボール特性における悪化の指標

得られた結果をまとめたものが**図29**です。中5日～中6日の登板間隔であれば、下肢・股関節・体幹の動作に関連する分析項目（①～⑥）は概ね回復が見込まれることがわかりました。一方、上肢の振り動作に関連する分析項目（⑦～⑩）の一部（⑧⑨）には十分な回復が得られていないことがわかりました。具体的には、ボールリリースの位置が高い、ボールの抑えが利かない、といった現象が半数以上の投手に見られました。

■図29　登板2試合目における各分析項目の回復度

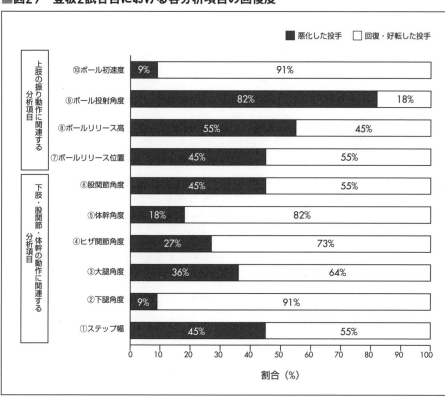

中5日〜中6日の登板間隔は条件付きで適正である

学童期の投球動作やボール特性については、「下肢・股関節・体幹の動作が未熟である」、「1年間でボール初速度は統計上有意に増大するが下肢・股関節・体幹の動作は変化しない」、「2年間で上半身の動作は大きく変化するが下半身の動作は変化しない」といった先行研究があります。また、学童期には下肢・股関節・体幹の柔軟性が低下するという身体的な特徴もあります。このように、学童期の投球動作は上肢の振り動作に頼った未熟なものであり、いわゆる手投げの繰り返しによって過剰なストレスが上肢にかかるため、その回復には下肢・股関節・体幹の動作よりも時間を要するものと考えられます。

上肢の振り動作に関連する分析項目（⑦〜⑩）のうち、⑩ボール初速度だけは、ほとんどの投手が回復・好転していました（**P79図29**）。この理由として、トーナメント戦では勝ち進むたびに試合の重要度が増し、対戦相手の打撃力も上がってくるため、登板2試合目において投手がより速いボールで打者を抑えようとした結果ではないかと考えられます。ただ

し、上肢の振り動作に関連する分析項目の一部に十分な回復が得られていない状態でより速いボールを投げようとすることは、さらなる手投げを助長することになるため注意が必要です。

以上から、上肢の振り動作を中心とした"リコンディショニング"を毎日実施するという条件付きであれば、中5日〜中6日の登板間隔は適正であるといえます。

日本アスレティックトレーニング学会では、リコンディショニングを「様々な要因（外傷・障害、疾病、疲労、手術など）によって低下した身体機能、体力、体調およびパフォーマンスを最大限まで向上させ、試合（競技）復帰することを目的とした行為や行動からなるプロセス」と解説しています。本書の監修者である渡會先生が考案した"肘マル体操"（**P81上写真**）や、トヨタ記念病院トヨタアスリートサポートセンターの坂田淳先生が考案した投球障害予防プログラム"Yokohama Baseball-9[+]（YKB-9[+]）"（**下写真**）などがリコンディショニングとしておすすめです。

肘マル体操

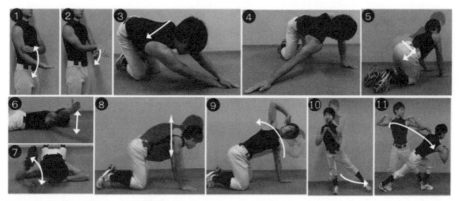

Yokohama Baseball-9⁺ （YKB-9⁺）

全国大会の日程は見直しが必要である

各都道府県大会を勝ち抜くと、全国11000チームの頂点を決める全国大会（マクドナルド・トーナメント）へと駒を進めることになります（**P76図28**）。この大会は、8月中旬に6日間という過密日程で行われており、優勝チームの投手では最大6連投を強いられることもあります。投球数制限70球という有効なルールがあったとしても、6日間で最大420〜450球（70〜75球×6試合）も投げてしまっては、肩・ヒジ関節の投球障害を予防する効果はなくなってしまいます。全国大会の日程緩和、トーナメント戦からリーグ戦への変更、連投制限のルール化など、十分な登板間隔を確保するための対策を早急に講じる必要があります。

Column ⑪　甲子園大会での投球数制限について

2019年4月に「投手の障害予防に関する有識者会議」が設けられ、2020年春の選抜高等学校野球大会から、1人の投手の投球数が1週間500球以内に制限されることが決まりました。しかし、このルールには1試合での最大投球数に上限がなく、投球数に応じた休養期間（登板間隔）も決められていません。残念ながら、このルールで投手交代となるケースは皆無に等しいです。せめて1試合での最大投球数には上限を設けるべきです。新潟県高等学校野球連盟が導入予定だった投球数制限100球を試験的に採用してみたらよいと思います。

⚾まとめ
- 中5日〜中6日の登板間隔は下肢・股関節・体幹の動作を概ね回復させる
- 中5日〜中6日の登板間隔では上肢の振り動作の一部に十分な回復が得られない
- 上肢の振り動作を中心としたリコンディショニングを毎日実施しよう

中3日の登板間隔では不十分か？

学童野球公式戦の決勝に中3日で登板した投手の場合

　私たちの調査研究の一つに、都内の学童野球公式戦の決勝に登板し、準優勝に終わった投手を動作分析したものがあります。この投手は、準決勝で先発完投（99球）をし、中3日の登板間隔で決勝でも先発完投（110球）をしました（**表5**）。

　はじめに、全投球（209球）を直球（191球）とスローボール（18球）とに分類し、スローボールと分類された18球（8.6%）については対象者の投球数には含めましたが、動作分析からは除外しました。そして、投球数の増加に伴い、**P84写真**のA～Eのような現象が見られた場合を投球動作やボール初速度の"乱れ"としました。ここでいう乱れとは、投球動作や

ボール初速度が低学年野球選手の特徴に近づくことを意味しています。

　得られた結果をまとめたものが**P84表6**です。立ち上がりの10球に対し、11球目以降10球ごとに、投球動作やボール初速度に乱れが生じた区間を▲、乱れが生じなかった区間を〇、好転した区間を◎で示しました。準決勝での乱れは点在する程度でしたが、決勝では下腿角度（31球目以降）に断続的な乱れが、体幹角度（51球目以降）・加速期ヒザ関節伸展角度（81球目以降）・ボール初速度（51球目以降）には連続的な乱れが生じました。

■表5　対象者の身体特性と投球内容

身長	体重	年齢	野球歴	学年	登板試合	登板間隔	投球内容		試合結果
							直球	スローボール	
141.0cm	30.0kg	11歳	3年	6年生	準決勝 (2014/4/29)	中3日	88球	11球	4-0 （勝ち）
					決勝 (2014/5/3)		103球	7球	1-7 （負け）

投球動作とボール特性における乱れの指標

■表6　投球動作やボール初速度に乱れが生じた区間

準決勝

身長	11～20球	21～30球	31～40球	41～50球	51～60球	61～70球	81～90球	81～90球	91～99球
A：ステップ幅	○	○	◎	◎	○	◎	◎	◎	◎
B：下腿角度	○	○	○	○	○	○	○	○	○
C：体幹角度	○	○	○	○	○	▲	○	○	▲
D：加速期ヒザ関節伸展角度	○	○	○	○	○	○	○	○	○
E：ボール初速度	○	○	○	○	○	▲	○	○	○

決勝（中3日での登板）

身長	11～20球	21～30球	31～40球	41～50球	51～60球	61～70球	81～90球	81～90球	91～100球	101～110球
A：ステップ幅	○	○	○	○	○	○	○	○	○	○
B：下腿角度	○	○	▲	○	▲	○	▲	○	▲	▲
C：体幹角度	○	○	○	○	▲	▲	▲	▲	▲	▲
D：加速期ヒザ関節伸展角度	○	○	○	○	○	○	○	▲	▲	▲
E：ボール初速度	○	○	○	○	▲	▲	▲	▲	▲	▲

▲乱れが生じた　○乱れなし　◎好転

決勝の序盤と終盤における投球動作の比較

決勝において、ボール初速度が最大（101.1km/h）であった4球目と最小（83.8km/h）であった102球目の投球動作を比較してみました（**写真**）。4球目では、下腿角度は122.2度（最大値127.1度）と大きく、体幹角度は17.5度（最小値17.5度）と小さく、加速期ヒザ関節伸展角度は

23.3度（最大値26.5度）と大きい投球動作でした。4球目と比較して、102球目では下腿角度は104.6度と小さく、体幹角度は36.2度と大きく、加速期ヒザ関節伸展角度は2.5度と小さい投球動作でした。4球目と102球目のステップ幅に差は見られませんでした。

4球目（ボール初速度101.1km/h）
体幹角度17.5度
下腿角度
122.2度
加速期ヒザ関節
伸展角度23.3度
ステップ幅　身長比83.6%

102球目（ボール初速度83.8km/h）
体幹角度36.2度
下腿角度
104.6度
加速期ヒザ関節
伸展角度2.5度
ステップ幅　身長比83.1%

決勝の序盤と終盤における投球動作の比較

中３日の登板間隔は疲労回復に不十分である可能性が高い

肩関節最大外旋位（肩関節が外側に最もねじられた状態からボールリリースまでのことを加速期といいますが（**P84写真**）、この加速期に下腿を反投球方向へやや傾けた状態でヒザ関節を強く伸展するのが熟練者のオーバースローの特徴です。加速期にヒザ関節を強く伸展することで体幹部の下端（左の股関節）は押し上げられ、体幹部は回旋を含む前傾動作を効率よく遂行できるようになります（**P23図9**参照）。準決勝から中３日の登板間隔で決勝に臨んだこの投手は、30球目あたりまでは熟練者のオーバースローの特徴が見られていました（**P84表6・P85写真**）。しかし、50球を超えたあたりから、下腿角度・体幹角度・加速期ヒザ関節伸展角度・ボール初速度に断続的・連続的な乱れが生じ始め（**表6・P85写真**）、これらの乱れが相手打線に捕まるきっかけになったと考えられます。

この調査研究では、下腿とヒザ関節の動作に影響を与えることが報告されているステップ幅を分析項目に加えました。しかし、準決勝と決勝において、ステップ幅に乱れは生じませんでした（**表6**）。特に、準決勝では、中盤から終盤にかけてステップ幅はむしろ好転しており、この投手はステップ幅の乱れが生じにくいタイプと考えられます。

決勝で50球を超えたあたりから投球動作やボール初速度が大きく乱れ始めた一因として、準決勝での投球過多（99球）による疲労が中3日の登板間隔では十分に回復していないことが考えられます。

投球過多については、2020年度よりルール化された投球数制限70球によって至適範囲に抑えられるようになりました。一方、中3日の登板間隔が疲労回復には不十分であることを実証するためには、「直球70球→中3日（リコンディショニングの有無）→直球70球」という条件で動作分析を行う必要があります。また、この調査研究は1例のみの報告であったため、より多くの投手を対象とした動作分析が必要となります。いずれにしても、中3日の登板間隔は疲労回復に不十分である可能性が高いことが示唆されました。

🌑 まとめ

- 投球動作やボール初速度の乱れは相手打線につかまるきっかけになる
- 中３日の登板間隔では50球を超えると投球動作やボール初速度が大きく乱れる
- 中３日の登板間隔は疲労回復に不十分である可能性が高い

スローボールの活用

変化球には厳しいペナルティ

全軟連は、肩・ヒジ関節の投球障害を予防する観点から、学童野球公式戦において投手が変化球を投げることを禁止しています（競技者必携2023）。これに違反した場合、審判員はその変化球に対して"ボール"を宣告し、監督と投手に変化球を投げないよう厳重注意をします。ま

た、同一投手が同一試合で再び変化球を投げた場合、その投手は交代となります。さらに、交代した投手は他の守備位置につくことはできますが、大会期間中は投手として出場することができないという厳しいペナルティが与えられます。

求められる投球スタイルの変化

全軟連は、同じく肩・ヒジ関節の投球障害を予防する観点から、2020年度より国内すべての学童野球公式戦において投球数制限70球（4年生以下は1日60球以内）をルール化しています（**P69表2**）。投球数の制限により、各チームは1試合に少なくとも2名の投手を準備しておく必要があり、過密スケジュールにより1日2試合（ダブルヘッダー）が予定されている場合には、少なくとも4名の投手を準備しておく必要があります。

この投球数制限70球のルール化により、投手の投球スタイルも変化せざるを

得なくなりました。これまでは、2ストライクに追い込むと次のボールを故意に外して打者のねらい球を予測することができましたが、これからはほとんどすべてのボールをストライクゾーンに投げ込んでいかなければなりません。また、どんな強打者に対しても敬遠せずに勝負を挑んでいかなければなりません。これらの対策として最初に考えられることは、直球の威力と制球力を磨いて打者を圧倒することです。加えて、直球に緩急をつけて打者を翻弄することも有効な対策となります。

戦術的にも有効で肩・ヒジ関節の投球障害予防にもつながるスローボール

　直球の握り方のままで極端に球速を抑えた山なりのボール、いわゆるスローボールは、学童野球公式戦において使用が認められています。高校野球選手のマシン打撃を用いた先行研究では、バットスイングのタイミング誤差はカーブよりもスローボールのほうが大きいことが明らかになっており、スローボールは打者に対して球種の判別を遅らせる有効なボールであることが報告されています。

　高校野球の投手と比較すると、学童野球の投手（高学年）では直球の平均ボール初速度が約30km/h落ちますが（**P17図7**）、投手板からホームベースまでの距離が短いため（高校野球18.44m→学童野球16m）、結果的に打者は高校野球の選手と同等の時間的制約下で打撃を行っていることになります。そのため、スローボールは学童野球においても打者のタイミングを外す有効な手段となります。また、スローボールによって投球の強度を下げることは"全力投球の量を抑える"ことでもあり、肩・ヒジ関節の投球障害予防にもつながります。

スローボールの使用頻度

　都内の学童野球公式戦に登板した78名の投手（**P73表3**）を、直球の平均ボール初速度によって低速群26名、中速群26名、高速群26名の3群に分け（**P89表7**）、スローボールを使用した投手数の割合を見てみると、低速群は50%、中・高速群では80%を超えており（**P89図30**）、特に直球に威力のある投手ほどスローボールを使用する傾向がありました。また、これら投手によって投じられたスローボールの球数を見てみると、特に高速群においてはスローボールの使用頻度が高い傾向がありました（**図31**）。なお、高速群においてスローボールの使用頻度が最も高かった投手（6年生、身長154.0cm、体重45.0kg、野球歴6年、直球の平均ボール初速度93.7km/h）は、1試合で投じた全119球のうち、スローボールは28球（23.5%）でした。

🔵 まとめ

・学童野球公式戦では変化球の使用が禁止されている

・スローボールは戦術的にも有効で、肩・ヒジ関節の投球障害予防にもつながる球種

・直球に威力のある投手ほどスローボールの使用頻度が高い

■表7　各群のボール初速度と身体特性

群分け	直球の平均 ボール初速度	平均身長	平均体重	平均年齢	平均野球歴
低速群26名	81.0km/h	147.8cm	39.6kg	11.2歳	5.3年
中速群26名	89.1km/h	149.6cm	39.7kg	11.2歳	5.7年
高速群26名	94.7km/h	153.8cm	43.6kg	11.2歳	5.6年

■図30　スローボールを使用した投手の割合

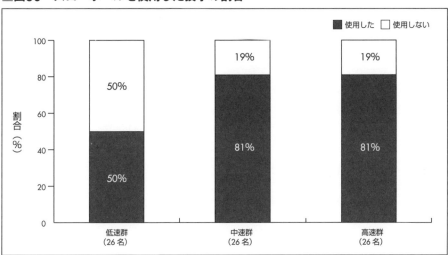

■図31　投じられたスローボールの球数

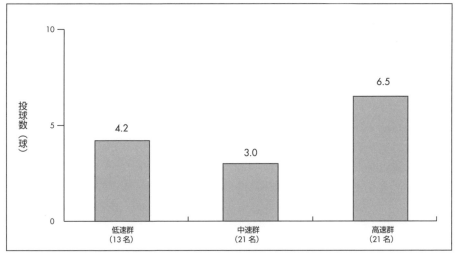

学童野球公式戦で投じられている スローボールの特性

どのくらい球速を抑えているのか？

　P89表7の3群のうち、スローボールを使用した投手のみ（低速群13名、中速群21名、高速群21名）を対象に、直球とスローボールにおけるボール初速度を分析比較してみました。その際、スローボールを1球しか使用しなかった投手もいたため、1球目のスローボールとその直前の直球（1球のみ）におけるボール初速度を抜き出し、各投手の値としました。

　その結果、すべての群において、直球とスローボールにおけるボール初速度に

は顕著な差が見られました（**図32**）。その差は低速群が平均18.5km/h（22.6%）、中速群が平均21.5km/h（23.6%）、高速群が平均25.0km/h（26.2%）であり、特に高速群ほど直球とスローボールとの緩急差が大きい傾向がありました。なお、高速群において最も緩急差が大きかった投手（6年生、身長145.0cm、体重36.0kg、野球歴6年）は、直球が97.3km/h、スローボールが50.7km/hで、その差は46.6km/h（47.9%）でした。

■図32　直球とスローボールにおけるボール初速度の比較

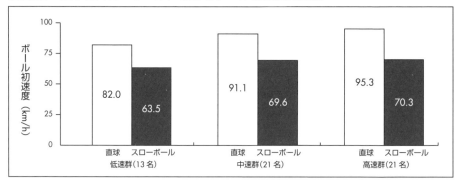

どのくらい山なりに投げているのか？

　ボール初速度と同様に、1球目のスローボールとその直前の直球（1球のみ）におけるボール投射角度（**P91写真**）を分析比較してみました。その結果、すべての群において、直球とスローボールに

おけるボール投射角度には顕著な差が見られ、その差は低速群が平均5.6度、中速群が平均6.9度、高速群が平均5.7度でした（**P91図33**）。スローボールは、直球の握り方のままで極端に球速を抑えた

山なりのボールとされていますが、直球よりも19～25km/h（23～26％）くらい遅く、直球よりも6～7度くらい上方へ向かって投げるボールであることがわかりました。

ただし、多くの投手や指導者が口を揃えるように、スローボールは「度胸がいるボール」、「投げ方（動作）が難しいボール」、「制球が難しいボール」のようです。スローボールは戦術的にも有効で、肩・ヒジ関節の投球障害予防にもつながる球種ではありますが、誰にでも容易に公式戦で使用できるボールではないよう

です。効果的なスローボールを投げるための動作を正しく理解した上で、その習得に取り組む必要があります。

ボール投射角度

■図33　直球とスローボールにおけるボール投射角度の比較

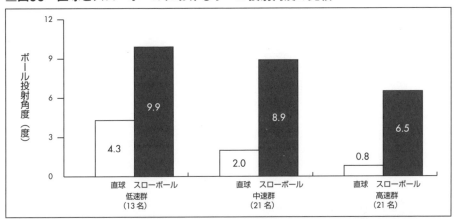

⚾まとめ

・スローボールは直球よりも 19 ～ 25km/h（23 ～ 26％）くらい遅い
・スローボールは直球よりも 6 ～ 7 度くらい上方へ向かって投げる
・効果的なスローボールを投げるための動作を正しく理解する必要がある

効果的なスローボールは
どのようにして投げるのか？

ただ遅いだけのボールでは効果がない

　スローボールは、直球よりも19～25km/h（23～26％）くらい遅く、直球よりも6～7度くらい上方へ向かって投げるボールであることを**第6節**で解説しました。学童野球の投手にとって、このようなボールを投げること自体は決して難しいことではありません。軽めのキャッチボールのような感覚で投げれば誰にでも実現可能です（**写真**）。しかし、直球とは明らかに異なる投球動作でスローボールを投げてしまっては、打者に容易にタイミングを合わせられ、力強く打ち返されてしまいます。スローボールを効果的なボールにするためには、できる限り直球に近い投球動作で投げる必要があります。

軽めのキャッチボール

変化球では前腕部や手関節の動作だけを変化させている

　大学生・社会人・プロ野球の投手を対象に、直球とカーブにおける投球動作を分析比較した先行研究では、前腕部と手関節の動作以外に顕著な差は見られないことが報告されています。また、これらの投手になると、直球を含めて平均4.3種類のボールを投げるようになることも報告されています。つまり、高いレベルの投手では、大きくて目につきやすい部位の動作は変化させずに、前腕部や手関節の動作だけを変化させて様々な球種を投げ分けているといえます。

　これら先行研究における直球とカーブとの緩急差は17 ～ 22%程度です。また、カーブ以外の球種（スライダー、チェンジアップ、フォーク、カット、ツーシーム、スプリット、シュート、シンカー、縦スライダー）における直球との緩急差は3 ～ 13%程度です。直球との緩急差が比較的小さいこれらの球種であれば、前腕部や手関節の動作、もしくはボールの握り方だけを変化させて投げることが可能であると思われますが、直球との緩急差が23 ～ 26%と最も大きいスローボールでは他の部位の動作にも変化が見られることが予想されます。

スローボールでは主に下肢の動作を変化させている

　P89表7の3群のうち、スローボールを使用した投手のみ（低速群13名、中速群21名、高速群21名）を対象に、直球とスローボールにおける投球動作の特徴を分析比較してみました。

　その結果、スローボールにおける投球動作の特徴はすべての群においてほぼ共通しており、特に加速期の下肢動作（右投げの場合は左脚の動作）において直球との明らかな違いが見られました。加速期とは、肩関節が最大に外旋してからボールリリースまでのことです（**P20写真**）。高速群のデータを基に、直球とスローボールにおける加速期の下肢動作を模式図にしたものが**P94図34**です。直球では下腿を反投球方向へやや傾けた状態で固定したままヒザ関節を素早く伸展しているのに対し、スローボールではヒザ関節角度を一定に保ったまま下腿を投球方向へ緩やかに倒していくことがわかりました。その他の部位の動作では、直球とスローボールとの間に明らかな違いは見られませんでした。

　つまり、直球との緩急差が23 ～ 26%と最も大きいスローボールでは、ボールの握り方、ステップ幅、ボールリリース位置、ボールリリース高などは変化させずに、主に加速期の下肢動作を変化させて投げていることがわかりました。このことを念頭に置いてスローボールの習得に取り組む必要があります。

■図34　直球とスローボールにおける加速期の下肢動作（高速群）

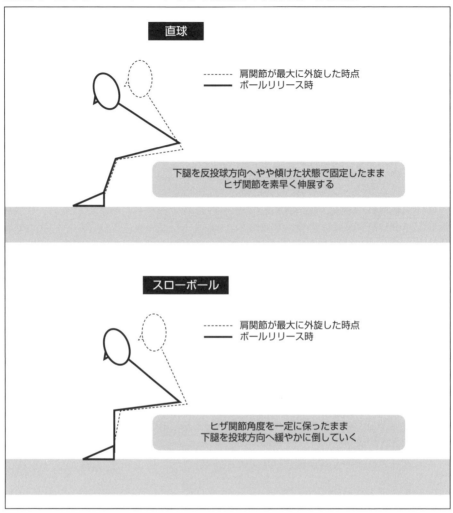

直球

------- 肩関節が最大に外旋した時点
——— ボールリリース時

下腿を反投球方向へやや傾けた状態で固定したまま
ヒザ関節を素早く伸展する

スローボール

------- 肩関節が最大に外旋した時点
——— ボールリリース時

ヒザ関節角度を一定に保ったまま
下腿を投球方向へ緩やかに倒していく

⚾まとめ

・スローボールはできる限り直球に近い投球動作で投げる必要が
　ある
・スローボールは直球との緩急差が最も大きい球種
・スローボールでは主に加速期の下肢動作を変化させている

第3章

野球の基本練習を見直す

"心臓しんとう"とは？

　読者の皆さまは、心臓震盪（以下、心臓しんとう）についてどれくらいご存じでしょうか？　もちろん脳震盪のことではありません。心臓しんとうとは、胸部に衝撃が加わることで致死的不整脈である心室細動が誘発され、最終的には心臓が停まってしまうことです。胸部への衝撃については、"強さ"ではなく"タイミング"が関係しているといわれています。そのタイミングとは、心電図上のT波の頂上から15 ～ 30msec前とされています（**図35**）。このタイミングで胸部に衝撃が加わると、高い確率で心室細動が誘発されることが、動物を用いた実験やヒトにおいても証明されています。

■図35　心室細動（致死的不整脈）が誘発されるタイミング

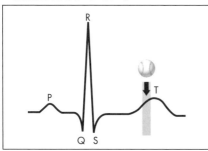

■表8　胸部への衝撃手段（国内例）

衝撃手段	症例数
野球のボール（硬式）	8
サッカーのボール	3
野球のボール（軟式）	2
ソフトボール	2
バスケットボール	1
墜落による胸部打撲	1
柔道の投げ技による背部打撲	1
タックル（アメフト）	1
金属バット	1
拳（少林寺拳法）	1
ヒジ（けんかの仲裁）	1
手のひら（兄弟げんか）	1
交通事故による胸部打撲	1
合計	24例

※参考文献43

■表9　胸部への衝撃手段（北米例）

手段	症例数
スポーツの道具	
野球のボール	53
ソフトボールのボール	14
アイスホッケーのパック	10
ラクロスのボール	5
その他	5
スポーツにおける体の衝突	
ヒザ、足	5
ヒジ、前腕	5
肩	4
拳	2
頭（ヘルメット）	2
ゴールポスト	1
日常生活、遊び	
遊びのボクシング	6
子どもへのしつけ	5
集団暴行	3
その他	8
合計	128例

※参考文献43

心臓しんとうはスポーツ中の子どもたちに多発しており、胸部への衝撃手段としては野球・ソフトボールのボールが約半数を占めています（**P96表8・表9**）。特に野球では、"胸でボールを止める"ことが心臓しんとうの直接的な原因となっています（**下写真**）。心臓しんとうが子どもたちに多いのは、発達過程で胸郭がまだ柔らかく、衝撃が心臓に伝わりやすいためとされています。

そして、心臓しんとうが発症してしまった場合の唯一の救命方法が、絶え間ない胸骨圧迫とAED（自動体外式除細動器）による除細動です（**右写真**）。そのため、読者の皆さまにはAEDを常備して使いこなす責任と義務があります。

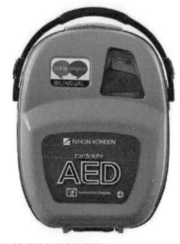

AED（自動体外式除細動器）

第1章 投球動作の"質"を高める

第2章 投球の"量"を知る

第3章 野球の基本練習を見直す

"胸でボールを止める"子どもたち

私たちの調査研究の一つに、全国の野球指導者1527名を対象とした「捕球指導に関するアンケート調査」があります。アンケート用紙には、択一式の質問を11個と最後に自由回答欄を設けました。その中で、「心臓しんとうを知っている

か？」という質問には917名（60.1%）が「知っている」と回答してきました（**図36**）。また、「AEDを知っているか？」という質問には1387名（90.8%）が「知っている」と回答してきました（**図37**）。心臓しんとうとAEDは指導者の間では比較的認知度が高いことがわかりました。

しかし、心臓しんとうを「知っている」と回答してきた917名のうち、「心臓しんとうを予防するための具体的な捕球指導をしている」と回答してきたのは105名（11.5%）のみでした（**図38**）。具体的な捕球指導の内容としては、「胸部プロテクターを必ず着用させている」、「厚手のタオルをユニフォームの胸部に縫い付けさせている」、「必ずグラブでボールを捕るよう指導している」、「身の危険を感じたら積極的に逃げるよう指導している」、「逆シングルでの捕球を積極的に指

■図36　心臓しんとうを
　　　　知っているか？（1527名）

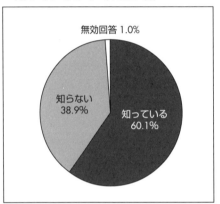

■図37　AEDを知っているか？
　　　　（1527名）

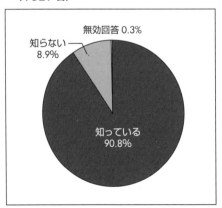

■図38　心臓しんとうを予防するための具体的な捕球指導をしているか？
（917名）

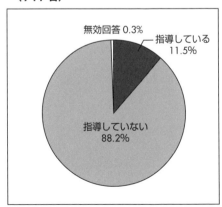

導している」といった回答が得られました。

一方、これら105名の中には、「胸部に力を入れて胸部でボールを受ける」、「息を止めて胸部でボールを受ける」といった心臓しんとうを正確には理解していないと思われる回答も多く見られました。

逆シングルは優先度が低い

「逆シングルでの捕球を指導しているか？」という質問には999名（65.4%）が「指導している」と回答してきました（**図39**）。しかし、「バウンドが合わないとき、胸でボールを止めるよう指導しているか？」という質問にも971名（63.6%）が「指導している」と回答してきました（**図40**）。つまり、日常的に逆シングルでの捕球を指導している人は多かったものの、これは左右への鋭い打球などに限ったやむを得ない場合の手段であり、胸でボールを止めるという危険な捕球指導が現在も頻繁に行われていることがわかりました。

■図39　逆シングルでの捕球を指導しているか？（1527名）

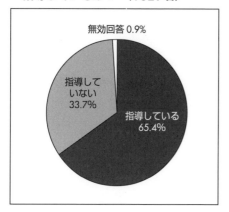

■図40　バウンドが合わないとき、胸でボールを止めるよう指導しているか？（1527名）

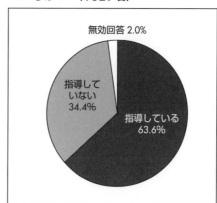

"体の正面" とは？

アンケート用紙の最後に設けた自由回答欄を見ていて気付いたことですが、"体の正面でボールを捕る"というときの"体の正面"の解釈について、指導者間にばらつきが見られました。"打球の軌道"に対して胸部を正対させること（**写真a**）を体の正面と考えている指導者もいれば、逆シングルのように打球の軌道に対して半身になり、"捕球のポイント"に対して胸部を正対させること（**写真b**）を体の正面と考えている指導者もいました。心臓しんとうを予防する観点からは**写真b**を体の正面と考えるべきです。

胸でボールを止めるという危険な捕球指導はすぐに廃止にすべきです。軽快なフットワークで打球の軌道に対して素早く半身になり、捕球のポイントに対して胸部を正対させ、逆シングルで捕球するという安全性の高い技術を学童期から積極的に教えていくべきです。

"打球の軌道"に対して胸部を正対させる

"捕球のポイント"に対して胸部を正対させる

胸部プロテクターが嫌なら捕り方を変えるべき

野球では、胸でボールを止めることが心臓しんとうの直接的な原因となっているので、その対策が必要とされ、各メーカーでは胸部プロテクター（**写真**）を製作して市販しています。

しかし、指導の現場では胸部プロテクターの普及はまったく進んでいません。胸部プロテクターの存在を知ってはいるけれども、あんな大げさなものは装着させたくないというのが指導者の本音のようです。残念ながら、胸でボールを止めるという危険な捕球指導が現在も頻繁に行われています。

胸部プロテクターを装着させたくないのであれば捕り方を変えるべきだと考え、"逆シングル"で捕球することを関係学会や指導者養成講習会などにおいて提案してきました。しかし、逆シングルは、指導の現場では怠けた捕り方と位置付けられていて、積極的には指導されません。また、"逆"という呼び方からもわかるように悪いイメージがもたれています。

胸部プロテクター（右投げ選手装着例）

逆シングルから"バックハンド"へ

逆シングルで捕球することを私たちがはじめて提案したのは、2008年3月に東京大学 駒場キャンパスで開催された、日本トレーニング科学会主催の第63回カンファレンスでした。テーマは「野球と心臓しんとう～考えようボールの捕り方～」でした。演者は、救命救急の立場から埼玉医科大学の輿水健治医師、野球指導者の立場から私立武蔵中学校の高野橋雅之先生、そして私の3名でした。司会は、本書の監修者である渡會先生でした。

特に、野球指導者である高野橋先生の発表では、「逆シングルは言葉が悪いので"バックハンド"と呼ぼう」という提案がありました。テニス、バドミントン、卓球と同じくバックハンドと呼んで積極的に教えていこうという提案でした（**写真**）。一方、カンファレンスの参加者からは、「心臓しんとう予防のバックハンドでは指導者にはなかなか受け入れられないのでは？」、「捕球パフォーマンスも向上するバックハンドとなれば指導者に受け入れられる可能性があるのでは？」といった貴重なご意見をいただきました。確かにその通りだなと思い、バックハンドでの捕球が本当によいものなのかどうかを検証してみることにしました。

テニスのバックハンド

バドミントンのバックハンド

卓球のバックハンド

捕球テストによるバックハンドの検証

すぐに"捕球テスト"（**図41**）というものを思い付きました。手動式のピッチングマシンを使い、10m先の捕球エリアに向けて軟式球を50km/hのハーフライナーで投射し、後方ラインから捕りにいって素早くスローイングさせます。もう一つは、側方ラインから捕りにいき、同じように素早くスローイングさせます。

このとき、フォアハンド（FH）とバックハンド（BH）で捕り（**P104写真**）、両捕球動作を様々な観点から比較するというものです。それぞれの捕り方をランダムに3球ずつ、一人当たり12球で、小学野球選手507名と中学野球選手533名にこの捕球テストを受けてもらいました。

■**図41　捕球テスト**

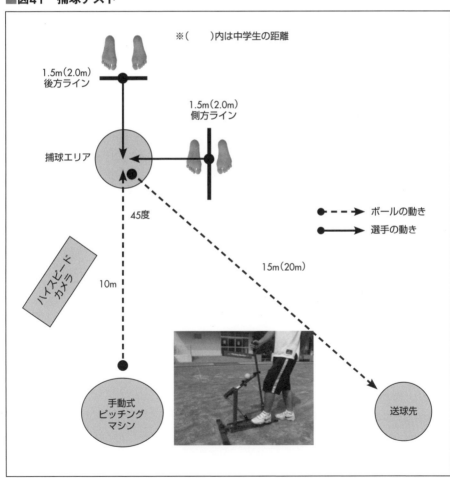

※（　　　）内は中学生の距離

1.5m（2.0m）
後方ライン

1.5m（2.0m）
側方ライン

捕球エリア

45度

ボールの動き

選手の動き

ハイスピードカメラ

10m

15m（20m）

手動式
ピッチング
マシン

送球先

後方ラインからのフォアハンド(FH)

後方ラインからのバックハンド(BH)

側方ラインからのフォアハンド(FH)

側方ラインからのバックハンド(BH)

　まずは、指導者にとって最大の関心事である捕球率から見てみました。後方ラインからの捕球、すなわち正面の打球の処理では、小・中学生とも両捕球動作に統計上の有意差は見られませんでした（**図42左**）。9割弱は捕れているので、フォアハンドでもバックハンドでもどちらでもよいといえます。側方ラインからの捕球、すなわち利き手側への打球の処理では、小・中学生ともにバックハンドのほうがよく捕れることがわかりました（**図42右**）。フォアハンドだと捕球体勢が悪く、エラーが多く見られました。しかし、このような場合でもフォアハンドで捕るよう選手たちは指導されています。なぜなら、指導者はトンネルしたときのことを想定しているからです。バックハンドでトンネルをすると、打球は後方へ抜けて2塁打になりますが、フォアハンドだと体にボールが当たってシングルヒットで済みます。だから、「捕れなくても止めろ」という指導がなされているのだと思います。

　続いて、成功試技におけるボール保持時間、つまり捕ってからボールリリースまでの所要時間を見てみました。正面の打球の処理において小学生では両捕球動作に統計上の有意差は見られませんでしたが、中学生ではバックハンドのほうが有意に短いことがわかりました（**P106図43左**）。投げる方向にグラブ側の肩が向いた体勢で捕球できるので、すぐにスローイングできるのだと思います。一方、フォアハンドで捕球すると、体勢を立て直さないとスローイングできないので時間がかかってしまうのだと思います。利き手側への打球の処理では、小・中学生ともにバックハンドのほうが有意に短いことがわかりました（**図43右**）。つまり、利き手側への打球の処理では、バックハンドのほうがよく捕れるし、素早くスローイングもできるということです。

　続いて、捕ってからボールリリースまでのステップ数を見てみました。正面の打球の処理と利き手側への打球の処理において、小学生では両捕球動作に統計上の有意差は見られませんでしたが、中学生ではバックハンドのほうが有意に少ないことがわかりました（**図44**）。それだけ体勢がよいということだと思います。フォアハンドだと余計にステップを踏むことになります。

■図42　捕球率

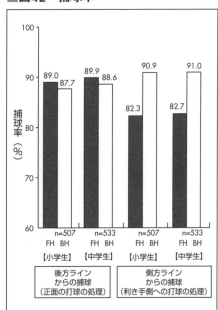

■図43　成功試技におけるボール保持時間

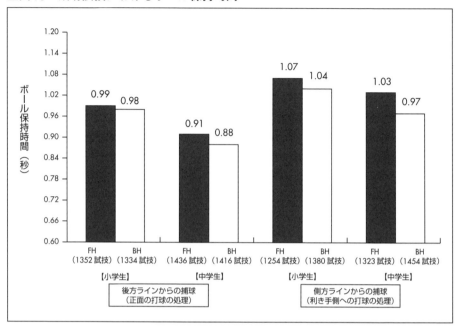

■図44　成功試技におけるステップ数

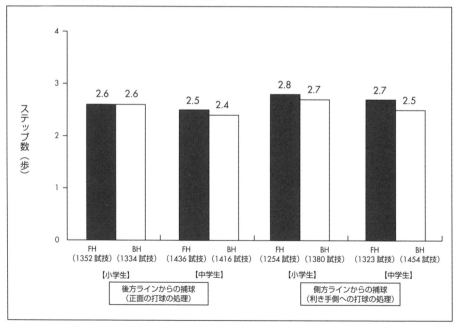

フォアハンドは手指だけでなく目・歯・顔のケガも多い

スポーツ安全協会のスポーツ傷害統計データ集によると、野球とソフトボールで発生したスポーツ傷害では、手指のケガ（骨折・ひび、捻挫・突き指、挫傷・打撲など）が最も多く、野球では27.3%（4397件／16111件中）、ソフトボールでは30.9%（1840件／5964件中）となっています。

このとき、グラブ側の手指ではなく、利き手側の手指を損傷するわけですが、その原因はおそらく両手で捕りにいく（利き手をグラブに添える）からだと考えられます。図45は、両手で捕りにいった（利き手をグラブに添えた）試技の割合を示したものですが、小・中学生ともにフォアハンドのときにその割合が高く、バックハンドのときには低いことがわかりました。特にバックハンドでは、両手で捕りにいったとしても、利き手はグラブの背面、すなわち手の甲側に添え

ていました。

図46は、グラブに添えた利き手に直接ボールをぶつけた試技の割合を示したものですが、バックハンドでは1試技も見られませんでした。フォアハンドでは、正面の打球の処理で小学生が3.7%、中学生が2.8%、利き手側への打球の処理では小・中学生ともに6.5%の試技に見られました。やはり、両手でフォアハンド捕球を試みたときに利き手側の手指をケガする可能性が高いといえます。

また、フォアハンドの場合、打球の延長線上には顔があるため、イレギュラーバウンドによって目・歯・顔のケガにもつながる可能性があります。実際、同協会のスポーツ傷害統計データ集によると、目・歯・顔のケガは、野球で16.1%（2586件／16111件中）、ソフトボールで9.1%（542件／5964件中）も見られます。

■図45　両手で捕りにいった（利き手をグラブに添えた）試技の割合

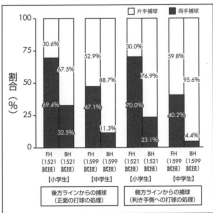

■図46　グラブに添えた利き手に直接ボールをぶつけた試技の割合

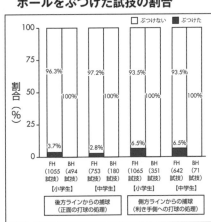

選手たちの感覚と総合的な評価

選手たちはどう感じているのか、5者択一式のアンケート調査を捕球テストの直後に実施してみました。正面の打球の処理では、小・中学生ともに両捕球動作を「捕りやすい」、「スローイングしやすい」と感じていました（**表10左**）。一方、利き手側への打球の処理では、小・中学生ともにバックハンドのほうを「捕りやすい」、「スローイングしやすい」と感じていました（**表10右**）。指導の現場ではバックハンドは推奨されていませんが、選手たちの感覚は違っていることがわかります。

捕球テストの結果をまとめて総合的に評価を行ったものが**P109表11**です。正面の打球の処理と利き手側への打球の処理において、バックハンドは捕球パフォーマンスと安全性がともに高く、選手たちの感覚も良好であることがわかります。ただ、前述したように、指導の現場においてバックハンドは怠けた捕り方と位置付けられており、簡単には受け入れてもらえないと思います。

一方、フォアハンドは、安全性は低いものの、捕球パフォーマンスや選手たちの感覚においてはよい面もあります（特に、正面の打球の処理において）。そこで、テニス、バドミントン、卓球と同じように、フォアハンドとバックハンドの両方を、"優劣のない基本動作"として位置付け、両方とも学童期から積極的に指導していくことを提案します。そして、状況に応じてフォアハンドとバックハンドを使い分けることを教えていきましょう。

■表10　ボールの捕りやすさ・捕球後のスローイングのしやすさ

対象・捕球動作	後方ラインからの捕球（正面の打球の処理）				側方ラインからの捕球（利き手側への打球の処理）			
	小学生（507名）		中学生（533名）		小学生（507名）		中学生（533名）	
アンケート項目	FH	BH	FH	BH	FH	BH	FH	BH
1. とても捕りやすい	347名(68.4%)	201名(39.6%)	350名(65.7%)	148名(27.8%)	73名(14.4%)	189名(37.3%)	17名(3.2%)	197名(37.0%)
2. まあまあ捕りやすい	129名(25.4%)	140名(27.6%)	137名(25.7%)	198名(37.1%)	100名(19.7%)	245名(48.3%)	61名(11.4%)	254名(47.7%)
3. どちらともいえない	16名(3.2%)	52名(10.3%)	31名(5.8%)	77名(14.4%)	77名(15.2%)	24名(4.7%)	57名(10.7%)	30名(5.6%)
4. 少し捕りにくい	12名(2.4%)	93名(18.3%)	14名(2.6%)	95名(17.8%)	202名(39.8%)	44名(8.7%)	242名(45.4%)	47名(8.8%)
5. とても捕りにくい	3名(0.6%)	21名(4.1%)	1名(0.2%)	15名(2.8%)	55名(10.8%)	5名(1.0%)	156名(29.3%)	5名(0.9%)
1. とてもスローイングしやすい	321名(63.3%)	237名(46.7%)	320名(60.0%)	194名(36.4%)	118名(23.3%)	136名(26.8%)	32名(6.0%)	111名(20.8%)
2. まあまあスローイングしやすい	134名(26.4%)	183名(36.1%)	168名(31.5%)	252名(47.3%)	212名(41.8%)	243名(47.9%)	158名(29.6%)	266名(49.9%)
3. どちらともいえない	36名(7.1%)	55名(10.8%)	34名(6.4%)	57名(10.7%)	84名(16.6%)	56名(11.0%)	145名(27.2%)	83名(15.6%)
4. 少しスローイングしにくい	16名(3.2%)	30名(5.9%)	11名(2.1%)	28名(5.3%)	83名(16.4%)	71名(14.0%)	164名(30.8%)	71名(13.3%)
5. とてもスローイングしにくい	0名(0.0%)	2名(0.4%)	0名(0.0%)	2名(0.4%)	10名(2.0%)	1名(0.2%)	34名(6.4%)	2名(0.4%)

■表11　総合的な評価

後方ラインからの捕球（正面の打球の処理）

対象・捕球動作		小学生（507名）		中学生（533名）	
	評価項目	FH	BH	FH	BH
捕球パフォーマンス	捕球率の高さ	◎	◎	◎	◎
	ボール保持時間の短さ	◎	◎	×	◎
	ステップ数の少なさ	◎	◎	×	◎
選手たちの感覚	ボールの捕りやすさ	◎	◎	◎	◎
	捕球後のスローイングのしやすさ	◎	◎	◎	◎
安全性	スポーツ損傷予防（手指・目・歯・顔）	×	◎	×	◎
	心臓しんとう予防	×	◎	×	◎

◎よい　△どちらともいえない　×わるい

側方ラインからの捕球（利き手側への打球の処理）

対象・捕球動作		小学生（507名）		中学生（533名）	
	評価項目	FH	BH	FH	BH
捕球パフォーマンス	捕球率の高さ	×	◎	×	◎
	ボール保持時間の短さ	×	◎	×	◎
	ステップ数の少なさ	◎	◎	×	◎
選手たちの感覚	ボールの捕りやすさ	△	◎	×	◎
	捕球後のスローイングのしやすさ	◎	◎	△	◎
安全性	スポーツ損傷予防（手指・目・歯・顔）	×	◎	×	◎
	心臓しんとう予防	×	◎	×	◎

◎よい　△どちらともいえない　×わるい

バックハンドも肩甲骨面上へのヒジ関節の伸展動作と前腕の回内動作

　バックハンドでの捕球姿勢を見てみると、体幹部に対して斜め45度あたりにヒジ関節を伸展し、前腕は回内してグラブを出していることがわかります（**写真**）。**第1章・第3節**で解説した、投球動作における理想的な上肢の振り動作を思い出してみてください。それは、「肩甲骨は前額面（身体を前後に二分する面）に対して30〜45度程度前方に傾いている」、「肩甲骨面上へのヒジ関節の伸展動作と前腕の回内動作を主体にボールを投げる」というものでした。つまり、このような上肢の使い方は、優れた投球動作の特徴のみならず、優れた捕球動作の特徴でもあるといえます。そして、いわゆる〝肩甲骨面上に投げて肩甲骨面上で捕る〟ためには、体幹部の大きく素早い回旋動作が重要となります。

バックハンドでの捕球姿勢

"肩甲骨面上に投げて肩甲骨面上で捕る"ための基本練習

地球（重力方向）に向かってボールを思いきりたたきつける真下投げ（**P42写真**）は、体幹部の回旋動作を改善し、上肢の振り動作を肩甲骨面上へのヒジ関節の伸展動作と前腕の回内動作へと導く練習法でした。この真下投げとバックハンドでの捕球を組み合わせ、2人一組で"Scapular Planeキャッチボール（SPキャッチボール）"を行いましょう。Scapular Planeとは肩甲骨面（**P27右上写真**）のことです。

投げるときは、ボールが真上に弾むように真下（リリースポイントの真下）の地面ポイントに向かって思いきりたたきつけ、パートナーはツーバウンド目の直後（のショートバウンド）をバックハンドで捕ります。選手たちは、右へ左へと体幹部を大きく素早く回旋させていることに気付くと思います。このSPキャッチボールを毎日の基本練習として5〜10往復くらい行い、その流れで通常のキャッチボールやピッチングに入っていくとよいでしょう。

Column ⑫　グラブの改良も視野に

中日ドラゴンズの背番号「7」と言えば、現在は根尾昂選手ですが、私が子どもの頃は宇野勝選手でした。私も現役時代はショートやセカンドを守っていたので、宇野選手の華麗な守備にはとてもあこがれました。宇野選手といえば、"伝説のヘディング事件"ばかりが取り上げられますが、実は、守備に関しては当時のショートのなかでも屈指の上手さで、特にバックハンドの名手でした。宇野選手のグラブは、奇抜な色（シルバー）もさることながら、親指が極端に短いことでも知られており、これはおそらくバックハンドの際に親指が長いと邪魔になるため（グラブのポケットが地面から浮いてしまうため）カスタムメイドしたものと思われます。バックハンドを積極的に指導するとともに、それを助けるグラブを考案してみるのも面白いかもしれません。

⚾まとめ

- 胸でボールを止めるという危険な捕球指導はすぐに廃止にしよう
- 逆シングルと呼ばずにバックハンドと呼ぼう
- 優れた投球・捕球動作とは"肩甲骨面上に投げて肩甲骨面上で捕る"ことである

バットスイングを見直す

"力強いバットスイング"と肩甲骨面との関係

"力強いバットスイング"について私の考えを述べておきたいと思います。優れた投球・捕球動作とは"肩甲骨面上に投げて肩甲骨面上で捕る"ことであり、それを導くのが体幹部の大きく素早い回旋動作であることを**第1節**で解説しました。力強いバットスイングも同様に、肩甲骨面を使ったものであるとシンプルに考えています。その理由について、順を追って解説します。

まずは"餅つき"の動作を見てみましょう。右の肩甲骨面上に杵を振り上げ、右の肩甲骨面上に杵を強く振り下ろして餅をついています（**左写真**）。"杭打ち"の動作も同様に、右の肩甲骨面上に掛矢を振り上げ、右の肩甲骨面上に掛矢を強く振り下ろして杭を打っています（**右写真**）。餅つきや杭打ちは、体幹部の回旋動作が少ないため、スイングと肩甲骨面との関係が視覚的にも理解しやすいと思います。

次に、ゴルフスイングを見てみましょう（**P112上写真**）。体幹部の大きく素早い回旋動作に加え、スイングも鋭いため、「トップからインパクトまでは右の肩甲骨面上にクラブを振り下ろし、フォロースルーでは左の肩甲骨面上にクラブを振り抜く」といわれてもなかなかピンとこないと思います。そこで、グリップを握る両手に注目してみましょう。両手は、「右肩付近→ベルトのバックル付近→左肩付近」へと体幹部の前で大きくV字を描くように動いています。いわゆる"V字スイング"と呼ばれるものであり、ゴルフ界ではボールの飛距離や方向性の改善につながるスイングとされています。

餅つきの動作

杭打ちの動作

このV字は、左右の肩甲骨面をつなぎ合わせたものと考えて間違いないと思います（**下写真**）。餅つき、杭打ち、そして、ゴルフスイングを例に挙げましたが、これらは真下に固定された対象物をインパクトするものであるため、スイングと肩甲骨面との関係を視覚的に理解するのにそれほど時間はかからないと思います。

さて、野球のバットスイングについてですが、幅広いストライクゾーンに真横から向かってくる様々な球種を鋭いスイングでとらえる必要があるため、スイングと肩甲骨面との関係を視覚的に理解するのは極めて困難です。それでも、福岡ソフトバンクホークス・小久保裕紀2軍監督の現役時代のバットスイングや柳田悠岐選手のバットスイングは、"体幹部に対してV字軌道"を意識したものであることはとても有名な話です。様々なコースや球種に対応するため、実際のバットスイングはきれいなV字にはならずに変形しているとは思いますが（例えば、よこ長のV字やU字）、原形はV字だと考えています。

ゴルフスイング

左右の肩甲骨面をつなぎ合わせるとV字になる

"レベルスイング"とは"よこ振り"のことではない

力強いバットスイングの軌道を説明する際、私が好んで用いている方法をご紹介します。まずは、"でんでん太鼓"のように、体幹部に対してバットを水平に振るよう指示し（いわゆる"よこ振り"）、パートナーはトップの位置でバットの先端に指を引っかけます（**下写真a**）。そして、打者に全力を発揮してもらいますが、子どものよこ振りでは指1本あればバットを止められ、大人のよこ振りでも指2本あれば十分にバットを止められます（**下写真b**）。それを見ている指導者に対して、「こんな弱いスイングでボールを遠くまで飛ばせますか？」と問いかけます。

次に、体幹部に対してバットをV字に振るよう指示し、パートナーはトップの位置でバットの芯あたりを両手でしっかりと掴みます（**P114上写真a**）。同じく打者に全力を発揮してもらいますが、子どものV字スイングでも両手でしっかりと掴んでいないとバットを止めることができず、大人のV字スイングではバットを止めきれずに大きくバランスを崩してしまいます（**P114上写真b**）。そして、それを見ている指導者に対して、「どちらが力強いスイングですか？」と問いかけます。答えはいうまでもありません。

"レベルスイング"という表現から、**下写真のようなイメージを持つ指導者は多い**と思いますが、"レベル"とは地面に対してバットを水平に振ることであり、体幹部に対してバットを水平に振ることではありません。私は、レベルスイングを、"体幹部の傾きを変えただけのV字スイング"だと考えています（**P114下写真**）。"V字の先端がボールに向くように体幹部を傾ける"のです。

でんでん太鼓

"よこ振り"は指2本で止められる

"V字スイング"は両手でも止められない

レベルスイングとは"体幹部の傾きを変えただけのV字スイング"

Column ⑬　アレックス・カブレラ選手のバットスイング

　カリブの怪人と呼ばれ、埼玉西武ライオンズ、オリックス・バッファローズ、福岡ソフトバンクホークスで活躍したアレックス・カブレラ選手をご存じの方は多いと思います。体幹部を後方に大きく反らしてから構えることで有名でしたが、このルーティーンを"餅つき"や"杭打ち"の動作に似ていると思うのは私だけでしょうか？「力強いバットスイングとは体幹部を傾けただけのV字スイングである」ということを説明するのに最も相応しい選手がこのカブレラ選手です。NPBに在籍した12年間で357本塁打という驚異的な成績を残し、記録にも記憶にも残る選手の一人です。

投球動作とバットスイングは似ている？

　ボールリリース時における肩関節の外転角度（体幹部と上腕とのなす角度）は、投法に関係なくほぼ同じであることが初期のバイオメカニクスの研究で報告されています。つまり、スリークォーター、サイドスロー、アンダースローの3投法は、“体幹部の傾きを変えただけのオーバースロー”だと考えられます。

　バットスイングにも、ダウンスイング、レベルスイング、アッパースイングがありますが、これらも同じく“体幹部の傾きを変えただけのV字スイング”だと考えています。

力強いバットスイングを身に付けるための基本練習の提案

　力強いバットスイングを身に付けるための基本練習を提案しておきます。餅つきや杭打ち（**P111写真**）のように、大きなタイヤを上からバットでたたく練習（**写真**）がよいのではないかと考えています。

　高校野球の強豪校などでは、ハンマーを使ったタイヤたたき（**P116写真**）をするようですが、ハンマーのように重いものを使う必要はなく、木製のバットなどで十分だと思います。たくさんやる必要もありません。タイヤたたきを15本、レベルスイング（体幹部の傾きを変えただけのV字スイング）を15本、合計30本を毎日の基本練習として取り組んでみてはいかがでしょうか？

　以上、力強いバットスイングについて私の考えを述べましたが、これについては根拠がまだ不十分ですので、今後も検証を重ねて行く予定です。

タイヤを上からバットでたたく練習（イメージ）

ハンマーを使ったタイヤたたき（イメージ）

Column ⑭　バットスイングでのリストワーク

　P41下写真は、私がウエイトトレーニングのときに使っているトレーニンググローブです。これを装着すると手首が固定され、手関節の背屈・掌屈動作が制限されます。その状態で投球をしてみても、それほど違和感はありません。このトレーニンググローブを両手に装着してバットスイングをしてみても、同じくそれほど違和感はありません。投球動作もバットスイングも、リストワークの主体は手関節の背屈・掌屈よりも前腕の回外・回内動作なのではないでしょうか？

⚾まとめ

- ・力強いバットスイングも左右の肩甲骨面を使っているのではないか？
- ・でんでん太鼓のようなバットスイング（よこ振り）ではボールを遠くまで飛ばせない
- ・レベルスイングとは体幹部の傾きを変えただけのⅤ字スイングなのではないか？

第3節 野球の基本練習 BIG3

基本練習となるものには3つの条件が必要

P63図26の階段をもう一度見てみましょう。昔の子どもたちは、6段ある階段のうち3〜4段目くらいまでを幼少期の外遊びの中で十分に経験していたと考えられます。小学3年生くらいになると多くの子どもたちは学童野球チームに入団するわけですが、その時点ではほとんどの子どもたちがボールを投げることの土台はできていたと考えられます。そして、入団当初から多くの時間を費やした投球練習がキャッチボールでした。そのため、現代の指導者の方々には〝キャッチボールが基本練習〟であることが深く刷り込まれているのです。

一方、現代の子どもたちは幼少期に外遊びをしなくなりました。学童野球チームに入団してくる子どもたちでさえ、ボールを投げることの土台がしっかりとできていないと考えられます。このような子どもたちに、階段を4つも飛ばしてキャッチボールから始めることには無理があるのではないでしょうか?

私は、基本練習となるものには、〝易しい・安全・合理的〟という3条件が必要と考えています（**図47**）。これら3条件をすべて満たしている投球練習が**P42写真**の真下投げです。つまり、現代の学童野球選手にとっては〝真下投げが基本練習〟であり、〝キャッチボールは応用練習〟に変わったのです。捕球動作と力強いバットスイングにおいてこれら3条件をすべて満たす基本練習が、バックハンド捕球（**P109写真**）と、そしておそらくV字スイングです（**P114写真**）。

■図47　基本練習となるものには〝易しい・安全・合理的〟の3条件が必要

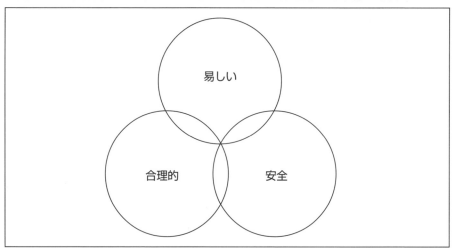

BIG3とは？

ウエイトトレーニングにはBIG3と呼ばれる種目があります。スクワット、ベンチプレス、デッドリフトの3種目のことです。この3種目は、ウエイトトレーニングの中でも主要な大筋群を鍛える種目として知られています。「初心者はBIG3から始めよう」、「とりあえずBIG3をやっておけば大丈夫」、「BIG3は身体づくりの王道」といったように、ウエイトトレーニングをする人たちにとっては基本練習として定着しています。もちろん、BIG3だけでは鍛えきれない細かい部位もありますが、BIG3にいくつかの種目を加えるだけで全身を鍛えることができます。

真下投げ、バックハンド捕球、V字スイングも、投球・捕球・バットスイング動作の主要な部分を身に付けるための基本練習です。私はこれら3つの基本練習を、ウエイトトレーニングBIG3に倣い、スポーツ医・科学の立場から考える「野球の基本練習BIG3」と名付けることにしました。「初心者は野球の基本練習BIG3から始めよう」、「とりあえず野球の基本練習BIG3をやっておけば大丈夫」、「野球の基本練習BIG3は動きづくりの王道」といったように、野球界に定着することを期待しています。

3つの条件を一つも満たしていない練習には積極的に取り組む必要なし

P63図26の6段の階段のうち、最上段にあるのが遠投です。遠投は、易しい・安全・合理的という3条件を一つも満たしていない投球練習といえます。学童野球選手にとっては、積極的に取り組む必要のない投球練習と考えられます。中学・高校野球などでは、試合での登板を終えた投手がファウルゾーンで遠投を行い一日の投球を締めくくる、といった光景をよく目にします。その目的は、"身体を大きく使う"ことのようですが、残念ながら遠投ではその目的を達成することはできません。助走をつけて投げることが多いので身体を大きく使っているように見えますが、助走をつけずにセットポジションからピッチングと遠投をさせてみると、ステップ幅は遠投のほうが小さく

なります。また、上方に向かって投げるため踏み込みにくくなり、体幹部も回旋しにくくなります。中学・高校野球選手にとっても、遠投は積極的に取り組む必要のない練習と考えられます。対角線（本塁⇔2塁、1塁⇔3塁）を強く正確に投げられれば十分です。

捕球練習において、易しい・安全・合理的の3条件を一つも満たしていないものが、利き手側の打球を両手で（利き手をグラブに添えて）フォアハンド捕球するという練習です（**P119写真a**）。すべての年代において、積極的に取り組む必要のない練習と考えられます。本当に上手な選手は、利き手側の打球をわざわざ両手でフォアハンド捕球したりはせず、バックハンドで簡単にさばきます（**写真b**）。

a

利き手側への打球を両手で（利き手をグラブに添えて）フォアハンド捕球する練習は必要なし

b

利き手側への打球はバックハンドで簡単にさばく

すぐに廃止にすべき練習（死に至る可能性がある練習）

　野球界の伝統的な練習のうち、すぐに廃止にすべきものが"バウンドが合わないときに胸でボールを止める"という捕球練習です（**P97下写真**）。易しい・安全・合理的の3条件を一つも満たしていないだけでなく、心臓しんとう（致死的不整脈）を誘発する可能性があるとても危険な練習です。心臓しんとうはスポーツ中

の子どもたちに多発していることから、特に学童野球公式戦ではこのような捕球動作に対してペナルティを与えるべきです。例えば、選手が胸でボールを止めた場合、審判員はタイムをとり、デッドボールと同じく打者に一塁を与えるという新ルールを検討してもよいのではないでしょうか？

学童期は基本動作習得のゴールデンエイジ

最後に、**図48**をご覧ください。大学の発育発達学やトレーニング科学などの授業では必ず学ぶ内容ですが、子どもたちの体力・運動能力は長い年月をかけて発達していくことがわかります。また、動作の習得（脳・神経系）、ねばり強さ（呼吸・循環系）、力強さ（筋・骨格系）が発達する時期も大きく異なることがわかります。そのため、短期間で完成を望むことや、間違ったタイミングで働きかけを行うことは、選手の発達を阻害するこ

とになってしまうのです。

特に学童期は、動作の習得に最も適した時期です。まずは、普段から外で遊ぶ習慣を身に付けさせましょう。野球のウォーミングアップにも様々な外遊びを取り入れ、技術練習では「野球の基本練習BIG3」に取り組ませましょう。その際、ヘトヘトになるまで基本練習をやらせてはいけません。学童期は、質の高い基本練習を適度に行わせることがとても重要な時期なのです。

■図48　学童期は基本動作習得のゴールデンエイジ

※参考文献42、53

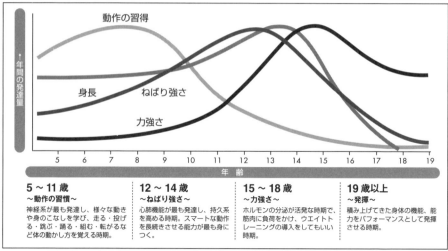

5～11歳
～動作の習慣～
神経系が最も発達し、様々な動きや身のこなしを学び、走る・投げる・跳ぶ・踊る・組む・転がるなど体の動かし方を覚える時期。

12～14歳
～ねばり強さ～
心肺機能が最も発達し、持久系を高める時期。スマートな動作を長続きさせる能力が最も身につく。

15～18歳
～力強さ～
ホルモンの分泌が活発な時期で、筋肉に負荷をかけ、ウエイトトレーニングの導入をしてもいい時期。

19歳以上
～発揮～
積み上げてきた身体の機能、能力をパフォーマンスとして発揮させる時期。

⚾まとめ

・現代においてキャッチボールは応用練習に変わった

・真下投げ、バックハンド捕球、Ｖ字スイングは「野球の基本練習 BIG3」

・学童期は基本動作習得のゴールデンエイジ

Episode　東京大学「球速を10km/h高めるゼミ」

　本書の監修者である渡會先生は、東京大学在職中の2006年に全学自由研究ゼミナールとして「球速を10km/h高めるゼミ」を開講しました。目的は、スポーツ医・科学の立場から野球部員たちに投球指導を試みることでした。私も協力教員として参加しました。

　対象は東大の野球部員（硬式、軟式、準硬式、ソフトボール）たちで、月曜1限、全13回のゼミでした。10名前後の募集に対して70名余りが応募するという人気ぶりでした。初年度は18名の履修者でスタートしました。

　カリキュラムは、投球障害の講義、投能力の測定、上手な投げ方の指導、下肢・股関節動作のイメージ作り、背骨の動きの教育、身体の手入れの仕方、投球動作の見方などで構成されました。メンコ遊び、真下投げ、SPキャッチボールなど、本書で述べたことが中心に行われました。渡會先生の投球指導に賛同する、元・熊谷組野球部監督の清水隆一氏、元・ヤクルトスワローズトレーナーの谷川哲也氏、私立武蔵中学校野球部監督で東大OBの高野橋雅之先生にもゲストとして登場していただきました。

　初年度の成果ですが、履修者全員の球速が10km/h向上とまではいきませんでしたが、3割の履修者に10km/h前後の向上がみられました。動作習得のゴールデンエイジを過ぎた学生たちでも、質の高い投球指導をすれば確実に球速は高まることを経験しました。また、大学生は力強さ（筋・骨格系）が発達する時期ですので、この質の高い投球指導に適切な筋力トレーニングを併用すれば、球速を10km/h高めることなど容易いのではないかとさえ感じました。

　履修者のレポートからは、「球速を高めるために、身体のどのような癖を直せばよいのか、身体のどこを鍛えればよいのか、ということを非常に考えさせられた」、「練習するたびに生じていた肩の痛みが、ゼミを履修してから徐々に軽減していった」、「下肢・股関節の使い方というテーマに入っていくにつれ自分の今までの投球フォームの問題点が次々とわかってきた」、「ゼミで投球動作が改善されたら、試合でのバッティング成績も向上し、長打も出るようになった」、「月曜1限で体調の悪い日が多く、試合のアフターケアを考えるよいきっかけになった」、「同じことを違った人から学ぶと効果が高い」といった意見が得られました。また、初年度の履修者の中からは、東大卒業後に大学院に進学して野球の研究者となり、現在はプロ野球のアナリストとして活躍している人材も輩出されました。

　通称"球速ゼミ"は東大生からとても好評で、2006年から5年間も続きました。

監 修 の 言 葉

著者・伊藤博一先生が日体大を卒業し、大学院に進学した時の指導教員が私の恩師・中嶋寛之先生でした。野球を研究テーマにしたいということで、当時、東京大学 教養学部 保健体育科にいた私に話が来て、1997年より共同研究が始まりました。

私が整形外科医になって中嶋先生に巡り合った1980年頃は、スポーツ医学という分野はまだ認知されておらず、前十字靭帯損傷をきたして選手生命を絶たれたという人が大勢いました。今では、前十字靭帯損傷といわれても普通に選手は理解して、手術を受ければカムバックできると考えられています。当時は、ヒザが壊れたといっても何がどうなったかわからずに膝内障という診断名をつけられて、「スポーツはあきらめなさい」と医師から告げられていました。その時代に、

精力的に選手たちと向き合い、診断、治療に取り組んでいたのが中嶋先生たちパイオニアでした。その後、多くの人が参加して選手の競技復帰を目指して研究が進み、スポーツ医学が発展していきました。

ヒザの次は肩・ヒジだと、医学部で野球をしていた私は投球障害を研究するようになりました。当時は、ヒザと同じように肩・ヒジを痛めると、「野球をやっているならしょうがないね」といわれていました。私も、投げるとき肩・ヒジには外旋外反の力がかかるし、この力が障害の原因となる以上、ある程度しょうがないと思っていました。ある時、真下に投げると患者が痛くないという真下投げを発見しました。腕を外転外旋するのは手投げだからだ、身体の使い方に誤解があるから肩・ヒジに無理な力がかかるの

だと理解して、フットワーク、Scapular Plane、回外・回内などを指導するようになりました。野球少年たちの肩・ヒジの痛みはこの治療法でほとんどが治っていきました。そんな時に、伊藤先生と出会ったのです。

この真下投げのメカニズムの研究が、大学院時代の伊藤先生のテーマになりました。ハイスピードカメラで動作分析をし、精力的に現場へ調査に出かけ、たくさんのデータを取ってきました。そしてたくさんの論文が生まれました。伊藤先生のおかげで、病院の外来という密室で患者さんとやっていた治療体操である真下投げが世の中に出ていきました。

伊藤先生が東大に助教として着任され、一緒に仕事をしていたときに、「球速を10km/h高めるゼミ」という特別授業を東大生に開講しました。たくさんの野球青年が集まりました。教えた内容は本書にある真下投げやフットワークなどです。5年目には平均で目標を達成できました。

東大から帝京平成大学に移籍した後も、少年野球の調査、啓発に飛び回っている伊藤先生が一区切りつけて、本書を作られました。専門的な医学用語やバイオメカニクスの用語は使わずに、「野球技術の大原則」が本書のタイトルです。野球指導者に届くように工夫された表現は専門家にはまだるっこい感もあるのですが、多くの指導者に接してきた伊藤先生ならではの言葉なのだろうなと思います。本書の内容が野球界に広がるよう、そして若者たちみんなが障害なく上手になっていくことを願っています。

帝京科学大学医学教育センター
特任教授
渡會公治

あ と が き

　2010年には約30万人いた学童野球の選手が、現在は約17万人にまで減少しました。少子化の影響もあるとは思いますが、子どもたちが野球を選ばなくなったのも事実です。子どもたちの野球離れが止まらない理由として、坊主頭にしたくない、練習時間が長い、野球用具が高い、親の負担が大きいなどが挙げられています。これらは一理ありますが、私は、「投能力を含む子どもたちの体力・運動能力が低下し続けているにも関わらず指導者の質が向上していないこと」、これこそが子どもたちの野球離れの要因だと考えています。ケガは多いしなかなか上手くならない野球では、子どもたちに選ばれるはずがありません。

　本書では、投能力向上と肩・ヒジ関節の投球障害予防を両立するための手段、そして、スポーツ医・科学の立場から考える野球の新たな基本練習BIG3について解説をいたしました。本書が多くの指導者の目に触れ、投げる、捕る、振る、について、伝統的な基本練習を見直すきっかけになれば幸いです。そして、安全に最高のパフォーマンスを導くことがで

きる指導者が増えてくれば、子どもたちは再び野球を選ぶようになると確信しています。

　本書でご紹介した野球の基本練習BIG3については実技講習も行っております。私は、日本スポーツ協会公認コーチ養成講習会（軟式野球専門科目講習会）、全日本軟式野球連盟公認学童コーチ養成講習会において講師（講義・実技）を務めておりますので、会場に足を運んでいただければ本書の内容をより深く理解していただけると思います。

　本書を執筆するにあたり、恩師である渡會公治先生には監修をしていただきました。渡會先生と共に25年間研究してきた成果をようやく一冊にまとめることができました。全日本軟式野球連盟の小林三郎専務理事には、全国の野球指導者に対して本書をご推薦していただきました。同連盟の吉岡大輔さん、清野祐さん、東京都軟式野球連盟の甲斐陽祐さんには私たちの調査研究に対して全面的なご協力をいただきました。この場を借りて深く感謝申し上げます。

2023年9月
帝京平成大学人文社会学部経営学科
トレーナー・スポーツ経営コース教授

伊藤博一

【参考文献】

1. Cayla,G. et al：Precordial Thump in the Catheterization Laboratory Experimental Evidence for Commotio Cordis. Circulation，115：e332，2007.

2. 広尾晃．投球制限．ビジネス社．東京．2019.

3. 井尻哲也，中澤公孝．野球のバッティングにおけるタイミング制御．日本神経回路学会誌，24（3）：124-131，2017.

4. 一般財団法人 全日本野球協会．公認野球指導者基礎Ⅰ＜U-12＞テキスト．一般財団法人 全日本野球協会 東京．2019.

5. 伊藤博一 他．投球動作中における上肢の動きに関する一考察～ピッチングにおける上肢の振り動作とScapular Planeでの上肢の振り動作との類似性～．日本体育大学紀要，29：1-6，1999.

6. 伊藤博一 他．投動作中の荷重中心に関する研究．トレーニング科学，12（2）：121-130，2000.

7. 伊藤博一 他．投球動作における体幹運動の役割～体幹運動と上肢投球障害～．日本臨床スポーツ医学会誌，9（3）：332-339，2001.

8. 伊藤博一 他．真下投げにおける体幹回旋運動の特徴～真下投げと上肢投球障害～．日本臨床スポーツ医学会誌，11（3）：477-485，2003.

9. 伊藤博一 他．女子野球選手の投動作における体幹回旋運動の特徴～体幹回旋運動と上肢投球障害～．日本臨床スポーツ医学会誌，12（3）：469-477，2004.

10. 伊藤博一 他．肩関節投球障害者へのリハビリテーション指導．日本臨床スポーツ医学会誌，13（1）：68-77，2005.

11. 伊藤博一 他．肘関節投球障害者へのリハビリテーション指導．日本臨床スポーツ医学会誌，13（1）：78-88，2005.

12. 伊藤博一 他．上肢投球障害者への対策～真下投げから次の展開～．日本臨床スポーツ医学会誌，15（1）：102-112，2007.

13. 伊藤博一 他．上肢投球障害者への対策～ZERO真下投げの有効性～．日本臨床スポーツ医学会誌，16（1）：49-58，2008.

14. 伊藤博一 他．真下投げのバイオメカニクス～ボールリリースとステップ動作を中心に～．日本臨床スポーツ医学会誌，17（1）：5-11，2009.

15. 伊藤博一 他．ZERO真下投げのバイオメカニクス～ボールリリースとステップ動作を中心に～．日本臨床スポーツ医学会誌，17（2）：297-304，2009.

16. 伊藤博一 他．年代別肩・肘痛部位と真下投げVAS評価の詳細～野球選手10,957名のフィールド調査から～．日本臨床スポーツ医学会誌，17（2）：362-372，2009.

17. 伊藤博一 他．心臓震盪予防の観点から捕球指導を考える～野球指導者1,527名におけるアンケート調査から～．日本臨床スポーツ医学会誌，17（3）：486-496，2009.

18. 伊藤博一 他．年代別にみた投動作の特徴（第一部）～加速期体幹運動とボールリリース～．日本臨床スポーツ医学会誌，19（3）：480-488，2011.

19. 伊藤博一 他．年代別にみた投動作の特徴（第二部）～加速期における下肢・股関節運動～．日本臨床スポーツ医学会誌，19（3）：489-497，2011.

20. 伊藤博一 他．ポジション別にみた投動作の特徴（第一部）～加速期における矢状面での体幹運動とボールリリース～．日本臨床スポーツ医学会誌，20（2）：316-325，2012.

21. 伊藤博一 他．ポジション別にみた投動作の特徴（第二部）～加速期における矢状面での下肢・股関節運動～．日本臨床スポーツ医学会誌，20（2）：326-335，2012.

22. 伊藤博一 他．成長期少年野球選手の投動作における経年変化．日本臨床スポーツ医学会誌，20（3）：526-535，2012.

23. 伊藤博一 他．捕球の基本動作について考える（第一部）～捕球パフォーマンスの観点から～．日本臨床スポーツ医学会誌，21（1）：82-93，2013.

24. 伊藤博一 他．捕球の基本動作について考える（第二部）～スポーツ損傷予防の観点から～．日本臨床スポーツ医学会誌，21（1）：94-104，2013.

25. 伊藤博一，渡邉公治．投法別にみた加速期における踏込脚の膝関節運動．スポーツパフォーマンス研究，6：253-262，2014.

26. 伊藤博一 他．学年別にみた男女児童における投動作の特徴．スポーツパフォーマンス研究，9：64-77，2017.

27. 伊藤博一 他．小学5年生男子におけるメンコ遊び上達のための指導ポイント．スポーツパフォーマンス研究，10：60-71，2018.

28. 伊藤博一 他．学童野球公式戦のスローボールにおける投動作の特徴．日本臨床スポーツ医学会誌，30（1）：47-54，2022.

29. 伊藤博一 他．学童野球公式戦における投球数制限の至適範囲．日本臨床スポーツ医学会誌，30（1）：198-206，2022.

30. 伊藤博一 他．学童野球公式戦の登板間隔に関する一考察～いわゆる中5日，中6日が投球フォームやボール特性に与える影響について～．日本臨床スポーツ医学会誌，30（3）：627-635，2022.

31. 伊藤博一 他．中3日での登板間隔が投球フォーム

や球速の乱れに与える影響〜学童野球公式戦にお
ける準優勝投手の場合〜. 日本臨床スポーツ医学
会誌, 31 (1)：238-243, 2023.

32. 岩堀裕介. 医療と野球の接点を構築するための活
動. 整形・災害外科, 63 (9)：1191-1202, 2020.

33. 大島康生 他. ZERO真下投げトレーニングが未熟な
投球動作に与える影響. 富山大学人間発達科学部
紀要, 15 (1)：83-93, (2020).

34. 蔭山雅洋, 前田明. 真下投げトレーニングにおけ
る段階的プログラムの一例とその効果〜中学野球
投手3ヶ月間の指導における事例〜. スポーツパ
フォーマンス研究, 5：90-101, 2013.

35. 蔭山雅洋 他. マウンドを用いた真下投げトレーニ
ングが野球の投球動作および投球スピードに及ぼ
す影響. トレーニング科学, 25 (4)：255-265,
2014.

36. 蔭山雅洋, 前田明. 小学野球選手における投球速
度を高めるトレーニングプログラムとその即時的
な効果. スポーツパフォーマンス研究, 7：10-21,
2015.

37. 蔭山雅洋. 発育期の野球選手における上肢の投球
障害予防とパフォーマンス向上のためのトレーニ
ングプログラムの提案. トレーニング科学, 30(4)：
221-230, 2019.

38. 笠原政志. 野球を科学する〜最先端のコンディシ
ョニング論〜. 竹書房. 東京. 2020.

39. 笠原政志 著, 富田一誠 医学監修. 絶対に知ってお
きたい野球現場のファーストエイド. ベースボー
ル・マガジン社. 東京. 2022.

40. 城所収二. 野球打撃における球種の組み合わせが
打者のタイミング制御に及ぼす影響. 日本体育学
会 第69回大会予稿集, 136, 2018.

41. 公益財団法人 全日本軟式野球連盟. 競技者必携
2023. 公益財団法人 全日本軟式野球連盟. 東京.
2023.

42. 公益財団法人 日本スポーツ協会 編集発行. レファ
レンスブック. 公益財団法人 日本スポーツ協会.
東京. 2019.

43. 輿水健治. 心臓震盪. 臨床スポーツ医学, 25 (臨
時増刊号)：358-364, 2008.

44. 輿水健治. 心臓震盪の現状と対策〜少年野球を中
心に〜. トレーニング科学, 30 (4)：231-236,
2019.

45. 熊谷浩明, 池田拓人. 小学校教師の体育好き・体
育嫌い〜子どもを体育嫌いにさせる教師行動との
関連性〜. 和歌山大学教育学部教育実践総合セン
ター紀要, 23：47-55, 2013.

46. Link,M.S. et al：An experimental model of sudden
death due to low-energy chest-wall impact（commotio

cordis）. N.Engl.J.Med, 338：1805-1811, 1998.

47. 眞瀬垣啓 他. 幼少期における外遊びの経験とスポ
ーツ障害との関係〜中学野球選手654名のアンケー
ト調査結果から〜. 日本臨床スポーツ医学会誌,
15 (1)：57-69, 2007.

48. 松浦哲也 他. 小学野球選手に対する検診と投球数
制限. 整形・災害外科, 63 (9)：1143-1148,
2020.

49. 宮下浩二 他. 投球動作における股関節の運動に関
する一考察. Journal of Athletic Rehabilitation, 1：
53-56, 1998.

50. 宮下浩二 他. 投球動作で要求される下肢関節機能
に関する検討. Journal of Athletic Rehabilitation, 2：
65-72, 1999.

51. 宮下浩二 他. 投球動作の肩関節外旋位における肩
甲上腕関節と肩甲胸郭関節および胸椎の角度. 日
本臨床スポーツ医学会誌, 16 (3)：386-394,
2008.

52. 宮下浩二 他. 投球動作の肩最大外旋角度に対する
肩甲上腕関節と肩甲胸郭関節および胸椎の貢献度.
体力科学, 58 (3)：379-386, 2009.

53. 宮下充正. トレーニングの科学的基礎. ブックハ
ウスHD. 東京. 1993.

54. 本嶋佐恵, 藤田英二. 女子軟式野球選手の投動作
における真下投げの即時的効果. スポーツパフォ
ーマンス研究, 6：1-10, 2014.

55. 永見智行 他. 野球投手が投じる様々な球種の運動
学的特徴. 体育学研究, 61：589-605, 2016.

56. 中村康雄, 林豊彦. ストレートとカーブの投球動
作の運動学・動力学解析. 同志社スポーツ健康科学,
2：38-46, 2010.

57. 日本臨床スポーツ医学会学 整形外科学術部会 編.
野球障害予防ガイドライン. 文光堂. 東京. 1998.

58. 西野勝敏 他. 少年期の投球動作の特徴と投球障害
予防への活用. 整形・災害外科, 63 (9)：1183-
1190, 2020.

59. 小倉圭. 野球の内野守備における正面捕球とバッ
クハンド捕球の送球パフォーマンスに関する基礎
的研究. 野球科学研究, 3：11-21, 2019.

60. 岡田隆 著, 石井直方 監修. ウエイトトレーニング
BIG3再入門. ベースボール・マガジン社. 東京.
2013.

61. 大島康生 他. ZERO真下投げトレーニングが未熟な
投球動作に与える影響. 富山大学人間発達科学部
紀要, 15 (1)：83-93, 2020.

62. 坂田淳. 学童野球選手の投球障害に対する一次予
防の取り組み. 理学療法学, 44Suppl. (3)：101-
102, 2017.

63. 桜井伸二 他. 発育期にある野球投手の上肢関節障

害をいかに防ぐか～直球とカーブの投球動作の比
較～. デサントスポーツ科学, 12：63-72, 1991.

64. 桜井伸二 編著, 宮下充正 監修. 投げる科学. 大修
館書店. 東京. 1992.

65. 清水隆一. ベースボール基本の「き」. ベースボール・
マガジン社. 東京. 2000.

66. 塩崎七穂 他. 投能力を向上させる新たな教材・教
具としてのメンコ遊びの可能性～小学校低学年・
中学年・高学年を対象とした調査から～. スポー
ツパフォーマンス研究, 8：460-471, 2016.

67. 田名部和裕. 日本高等学校野球連盟の歩みと有識
者会議. 整形・災害外科, 63（9）：1159-1166,
2020.

68. 田中亮匡 他. メンコ遊びの成績上位者における動
作の特微～上達のための指導ポイント～. スポー
ツパフォーマンス研究, 9：277-287, 2017.

69. 田中康雄 他. ZERO真下投げの生体力学的分析. 日
本臨床スポーツ医学会誌, 23（1）：11-19, 2015.

70. 東京大学身体運動科学研究室 編. 教養としての身
体運動・健康科学. 東京大学出版会. 東京. 2009.

71. 渡邊幹彦. スポーツ医からみた野球界の課題. 整形・
災害外科, 63（9）：1167-1175, 2020.

72. 渡辺利信 他. ソフトボール投げの記録を向上させ
る新たな教材・教具としてのメンコ遊びの可能性
～小学5年生を対象とした調査から～. スポーツパ
フォーマンス研究, 8：24-35, 2016.

73. 渡會公治. 美しく立つ～スポーツ医学が教える3つ
のA～. 文光堂. 東京. 2007.

74. 渡會公治. プロネる野球 スピネる野球. ベースボ
ール・マガジン社. 東京. 2018.

75. 山本智章. 「野球ひじ」を治す・防ぐ・鍛える. マ
キノ出版. 東京. 2013.

76. 山本智章. 新潟県高等学校野球連盟の球数制限の
提言とその背景. 整形・災害外科, 63（9）：1177-
1181, 2020.

【参考にしたWebサイト】

1. BBM Sports. 野球（指導者向け）：フォーム連続写真.
   https://www.bbm-japan.com

2. 一般社団法人 日本アスレティックトレーニング学
   会HP. 学会誌・その他刊行物：関連用語解説集.
   https://js-at.jp/info

3. 一般社団法人 日本骨折治療学会HP. 一般の方へ：
   骨折の解説：上肢の骨折：上腕骨骨幹部骨折.
   https://www.jsfr.jp/index.html

4. 一般社団法人 日本臨床スポーツ医学会HP. 委員会
   活動：委員会提言：1995年 青少年の野球障害に対
   する提言. https://www.rinspo.jp

5. 神奈川学童野球指導者セミナーHP. お知らせ：投
   球障害予防プログラムYKB-9のご紹介. https://
   www.kb-leaderseminar.com/index.html

6. 公益財団法人 日本高等学校野球連盟HP. トピック
   ス：2019年 投手の障害予防に関する有識者会議の
   開催. https://www.jhbf.or.jp

7. 公益財団法人 スポーツ安全協会HP. 協会について：
   広報・出版・動画：スポーツ傷害統計データ集（平
   成29年度版）. https://www.sportsanzen.org

8. 公益財団法人 東京都軟式野球連盟HP. 公認コーチ：
   公認学童コーチ. https://www.tnbb.or.jp

9. 公益財団法人 全日本軟式野球連盟HP. 指導者を目
   指す方：指導者資格取得を目指す方. https://jsbb.
   or.jp

10. 公益財団法人 全日本軟式野球連盟HP. 用具・ルー
    ル：連盟適用ルール：2012年野球規則改正につい
    て. https://jsbb.or.jp

11. 公益財団法人 全日本軟式野球連盟HP. 用具・ルー
    ル：連盟適用ルール：2020年学童部（小学生）の
    投球数制限について. https://jsbb.or.jp

12. 公益財団法人 全日本軟式野球連盟HP. 用具・ルー
    ル：連盟適用ルール：2020年少年部（中学生）の
    投球数制限について（2020年）. https://jsbb.or.jp

13. 文部科学省HP. 白書・統計・出版物：統計情報：
    学校基本調査. https://www.mext.go.jp

14. 文部科学省HP. スポーツ：刊行物：統計情報：体力・
    運動能力調査. https://www.mext.go.jp

15. 文部科学省HP. スポーツ：刊行物：統計情報：全
    国体力・運動能力、運動習慣等調査. https://www.
    mext.go.jp

16. ナガセケンコー株式会社HP. 製品：BASEBALL.
    https://www.nagase-kenko.com

17. 内外ゴム株式会社HP. スポーツ用品：野球ボール.
    http://www.naigai-rubber.co.jp

18. 日本トレーニング科学会HP. 学会大会等：第63回
    カンファレンス. https://training-sci.com

19. The Official Site of Major League Baseball. YOUTH：
    Play Ball：EDUCATION：Pitch Smart：Pitching
    Guidelines. https://www.mlb.com

20. 東京大学 大学院総合文化研究科・教養学部HP. 総
    合情報：概要・基本データ：刊行物紹介：教養学
    部報：平成22年度531号：若者よ球速を高めよ.
    https://www.c.u-tokyo.ac.jp/index.html

[著者] 伊藤博一

[帝京平成大学人文社会学部経営学科トレーナー・スポーツ経営コース教授]

いとう・ひろかず／1974年生まれ、秋田県出身。
秋田南高―日体大―日体大院 修了。博士（体育科学）。東京大学大学院総合文化研究科身体運動科学研究室助教を経て、現在は帝京平成大学人文社会学部経営学科トレーナー・スポーツ経営コース教授。投球動作や捕球動作に関する学術論文を数多く発表し、日本臨床スポーツ医学会において学会賞（整形外科領域）を2度受賞。2019～2020年まで日本オリンピック委員会 強化スタッフ（医・科学、軟式野球）、2021年より全日本軟式野球連盟 医・科学委員、2022年より日本スポーツ協会認定コーチデベロッパーを務める。

[監修] 渡會公治

[帝京科学大学医学教育センター特任教授]

わたらい・こうじ／1947年生まれ、静岡県清水市(現・静岡市)出身。
東京大学医学部医学科を卒業し、整形外科医としてスポーツ医学を研修。1984年のロサンゼルス五輪ではチームドクターを務める。1988年より東京大学にて研究活動に力を注ぎ、東大生にスポーツ医学の講義や実技指導を行う。東京大学教養学部保健体育科助教授、同大学大学院総合文化研究科身体運動科学研究室助教授、同准教授を歴任。帝京平成大学大学院健康科学研究科およびヒューマンケア学部鍼灸学科教授を経て、現在は帝京科学大学医学教育センター特任教授。日本臨床スポーツ医学会名誉会員、日本ウエイトリフティング協会科学部委員、日本ロコモティブシンドローム研究会委員など、多くの公職に就く。

スポーツ医・科学の立場から考える
野球技術の大原則

2023年9月30日　第1版第1刷発行

著　者／伊藤 博一

発行人／池田哲雄
発行所／株式会社ベースボール・マガジン社
　　　　〒103-8482
　　　　東京都中央区日本橋浜町2-61-9 TIE浜町ビル
　　　　電話　　03-5643-3930（販売部）
　　　　　　　　03-5643-3885（出版部）
　　　　振替口座 00180-6-46620
　　　　https://www.bbm-japan.com/

印刷・製本／大日本印刷株式会社

©Hirokazu Ito 2023
Printed in Japan
ISBN 978-4-583-11638-9 C2075